초월적 정의

헌정주의의 종교적 차원

TRANSCENDENT JUSTICE
THE RELIGIOUS DIMENSION OF CONSTITUTIONALISM

초월적 정의
헌정주의의 종교적 차원

TRANSCENDENT JUSTICE
THE RELIGIOUS DIMENSION OF CONSTITUTIONALISM

칼 프리드리히 지음

·

이국운 옮김

책세상

일러두기

1. 이 책은 칼 프리드리히의 《초월적 정의: 헌정주의의 종교적 차원Transcendent Justice: The Religious Dimension of Constitutionalism》(Duke University Press, 1964)을 우리말로 옮긴 것이다.
2. 인명, 지명 등의 한글 표기는 국립국어원의 외래어표기법을 따랐으며, 경우에 따라 관행화된 표기나 원발음에 가까운 표기를 했다.
3. 주는 모두 후주 처리했다. 옮긴이 주는 '(옮긴이주)'로 표시했으며, 따로 표시하지 않은 것은 모두 저자 주다.
4. 〔 〕안의 내용은 독자의 이해를 돕기 위해 옮긴이가 추가한 것이다.
5. 저자가 이탤릭체로 강조한 부분은 볼드체로 표시했다.

초월적 정의—헌정주의의 종교적 차원 | 차례

정의의 설교자,

내 형제 볼프강 프리드리히에게

심판받지 않으려거든 심판하지 말라.

프리드리히는 1901년 독일 라이프치히 태생으로 하이델
베르크대학교에서 박사학위를 받은 뒤 1920년대 중반부터
하버드대학교에서 헌법과 정치이론을 강의했고, 1970년대
초반 은퇴해 1984년에 작고할 때까지 법철학과 정치사상의
두 영역에서 일가를 이룬 당대 미국의 대표적인 헌법정치학
자다. 그는 개인의 자율성, 권력의 견제와 균형이라는 두 축
을 중심으로 서구의 정통적인 정치 노선을 '헌정주의constitu-
tionalism'로 정리한 이론가면서, 제2차 세계대전 이후 독일의
정치적 재건 과정에서 핵심적인 조언자로 활약하는 등 몸소
헌정주의의 실현을 추구한 실천가기도 했다. 학술 영역에서
이러한 면모는 법 바깥의, 법으로부터 자유로운 주권자의 존
재에 집착하는 좌우익 각각의 전체주의에 대한 체계적인 비
판으로 나타나기도 했고, 1950년대 이후 미국의 정치학계에
휘몰아친 이른바 '행태주의 혁명behavioralism revolution'의 한
복판에서 헌정주의의 제도와 정신에 대한 끈질긴 옹호로 나

타나기도 했다. 사후에도 그의 영향력은 주디스 슈클라, 벤자민 바버, 즈비그뉴 브레진스키와 같은 후학들에 의해 다음 세대까지 유지되었으며, 최근에는 행태주의에 맞서는 제도주의institutionalism의 선구로서 그의 헌정주의를 재해석하려는 흐름이 진행되고 있기도 하다.

이와 같은 배경 때문이었는지 1980년대 이후 한국에서 프리드리히의 여러 저작이《헌법의 기본정신》,《역사적 관점에서 본 법철학》,《정치사상 강좌》등의 제목으로 번역되어 읽혔다. 나 또한 은사인 최대권 교수가 번역한《입헌적 국가이성》(동성사, 1987)을 통해 프리드리히의 헌정주의에 입문했다. 특정한 정치 이념을 내세운 정치공동체가 그 이념과 모순되는 상황을 어떻게 대처하고 또 정당화하는지에 초점을 두고 서구의 정치사상사를 조감하는 그 책에서 프리드리히는 마키아벨리 이래의 주권론적 국가이성과 구별되는 헌정주의적 국가이성의 맥락을 적실하게 포착한 바 있다. 이번에 번역 출간하는《초월적 정의》라는 책의 존재를 내가 처음 알게 된 것은 대학원 석사 과정 당시 은사님이 내게《입헌적 국가이성》을 읽은 감상을 전한 짧은 대화에서였다. 은사님은 번역의 뒷이야기를 하다가, 두 책 중 무엇을 번역할지 고민했는데《초월적 정의》에는 라틴어로 쓰인 중세와 근대의 기독교 고전이 많이 인용되어서 부득이《입헌적 국가이성》을 선택했다고 언급하셨다. 사실 영미와 대륙, 고대와 중세와 근대, 고전의 텍스트와 현재의 콘텍스트를 자유롭게 넘나드는 프리드리히의 해박한 지성과 문장력은 번역자를 짐짓 주눅 들게 만드는 측면이 있다.

그 짧은 대화 이후 약 15년 뒤에 나는 첫 번째 연구년을 보내던 중 미국 로스앤젤레스의 한 공립도서관에서 처음으로 《초월적 정의》의 텍스트를 접할 수 있었다. 꼬박 하루를 바쳐 텍스트를 정독한 다음의 첫 느낌은 서구의 정치사상, 특히 기독교 전통과 연결된 헌정주의의 맥락에 정통하지 않는 한, 이 책을 제대로 읽어낼 수 없겠다는 난처함이었다. 그리고 이 책의 저자가 진정으로 만나기를 염원할 그러한 독자는 대한민국을 포함해 21세기 초반의 서구세계 어디에도 존재하지 않을 것 같은 절망감마저 들었다. 사실 이 책의 텍스트, 특히 1960년대 초반에 쓰인 제5장에서 프리드리히는 여전히 '초월적 정의'를 갈망하면서도 그러한 갈망을 단연코 부정하는 시대, 자유를 가장 중요한 이념으로 숭상하면서도 그 속에서 정의의 초월적 근거를 부인하는 시대에 대한 안타까움을 짙게, 그러나 얼마간은 덧없는 논조로 표현하고 있다.

그와 같은 인본주의의 시대적 흐름에 맞서서 이 책은 '헌정주의의 종교적 차원'이라는 부제답게 서구의 정치사상사에서 초월적 정의가 끈질기게 추구되었음을 선명하게 주장한다. 고대 그리스의 플라톤이나 아리스토텔레스, 로마의 키케로와 같은 스토아 철학자들에게서도 찾아볼 수 있는 이러한 흐름은 결정적으로 기독교 정치사상에서 확연하게 드러났다. 개인의 자율성과 권력의 견제와 균형이라는 서구적 헌정주의의 두 축은 세계의 창조와 구속과 완성을 주관하는 신에 대한 신앙을 전제로 자유 속에서 정의의 초월적 근거를 추구하는 방식으로만 정당화될 수 있었기 때문이다. 이 책에서 저자는 초월적 정의의 헌법이론적 근거를 마련하기 위해 애쓴 정치사상가들을 성 아우구스티누스-성 아퀴나스-루터-칼뱅-리처드 후커-요하네스 알투지우스-존 로크-이마누엘 칸트의 순서로 추적하는데, 이러한 흐름은 그대로 기독교적 헌정주의의 계보에 해당한다.

  기독교적 헌정주의가 초월적 정의에 토대를 둔다는 점은 이 책의 본문 앞에 인용된 신약성서 마태복음 7장 초입의 산상수훈에서 단적으로 드러나고 있다. "심판받지 않으려거든 심판하지 말라. 너희가 심판하는 그 심판으로 너희가 심판받을 것이요, 너희가 헤아리는 그 헤아림으로 너희가 헤아림을 받을 것이니라." 이 구절에 등장하는 '너희가 하는 심판'과 '너희가 받을 심판', '너희가 하는 헤아림'과 '너희가 받을 헤아림'은 오로지 초월적 정의의 차원을 상정하는 경우에만 연결될 수 있기 때문이다. 이러한 맥락에서 나는 번역의 마지막 단계까지 이 책의 제목을 '초재적超在的 정의'로 번역할지 심각하게 고민했다. 그러나 기독교적 헌정주의자로서 저자의 강조점이 예컨대 자연법주의자들처럼 그와 같은 초재적 정의의 존재를 증명하려는 맥락이 아니라, 오히려 정의의 초월적 근거가 요청될 수밖에 없는 이유와 그 요청에 대한 응답들의 공통적인 지향을 밝히려는 맥락에 놓여 있음을 생각하여 최종적으로 '초월적 정의'로 결정했다.

이 책을 번역하는 동안, 나는 내 자신을 프리드리히가 진정으로 만나기를 염원했을 바로 그 독자로 상정하고자 했다. 그러한 입장에서 주제넘게도 한 가지 문제를 제기하자면, 나는 저자가 이 책의 텍스트에 일종의 공백을 남기고 있음을 지적하고 싶다. 칸트의 영구평화론을 초월적 정의의 추구로 해석한 제4장의 마지막 대목과 정의의 초월적 근거를 부인하는 시대에 대한 안타까움이 묻어나는 제5장 사이에는 150여 년의 시대적 간격이 존재한다. 만약 21세기의 대한민국에서 이 책을 읽을 독자들이 1960년대 초반의 미국 독자들과 세계관적으로 공유하는 바가 많다면, 그 시대적 간격은 200년 이상으로 커질 수도 있다. 헌정주의의 기독교적 차원을 완결적으로 탐구하려면, 일단 이 공백을 어떻게 메워야 하는지를 살펴야 한다. 달리 말해 서구의 헌법이론과 정치사상에서 기독교적 헌정주의가 어떻게 위축되고, 변형되고, 사라졌으며, 지금은 또 어떠한 자취를 남기고 있고, 어느 지점에서 소생의 가능성을 발견할 수 있는지를 논의하지 않으면 안 된다. 이 점에서 이 책은 지난 세기 후반 이후 찰스 테일러, 존 밀뱅크, 슬라보예 지젝, 알랭 바디우, 장뤽 마리옹, 리처드 카니 등이 시도해온 일련의 정치신학적 작업에 대한 선구적 요청으로 볼 수도 있을 것이다.

이 책의 번역 초고는 앞서 언급한 첫 번째 연구년의 마지막 달에 완성되었다. 하지만 실제로 번역 작업을 마치기까지는 그로부터 15년이 흘렀는데, 여기에는 나의 천성적인 게으름을 제외하고도 두 가지 이유가 있었다. 첫째, 이 책에서 다루고 있는 서구 정치사상의 고전들을 충분히 소화하지 못한 상태에서 텍스트의 문의해득文意解得에 집착할 수는 없었다. 번역 기간 중 내가 대학원과 학부 고학년 세미나 과목을 활용해 학생들과 함께 아우구스티누스와 아퀴나스의 텍스트 일부, 홉스와 로크와 칸트의 텍스트 일부를 읽고 알투지우스를 포함한 칼뱅주의 정치사상사를 거듭 공부한 까닭은, 고백하건대, 뒤늦게나마 그와 같은 학술적 필요를 채우기 위해서였다. 특히 2023년 봄 학기의 기독교 법사상 과목에서는 번역문 전체를 수강생들과 강독하면서 여러 가지 깨달음을 얻었다. 둘째, 그러한 작업에도 불구하고 이 책의 본문에 수시로 등장하는 라틴어 원문의 번역은 그야말로 넘을 수 없는 난제였다. 다행히 한동대학교에서 법학을 전공하고 서울대학교에서 로마법 전공으로 석박사학위를 취득한 뒤 서울대학교 법학전문대학원에서 강의하면서 훌륭한 학술 논문들을 써내고 있는 이상훈 교수가 적절한 시점에 번역문 전체를 세밀하게 살펴주어 비로소 작업을 마칠 용기를 낼 수 있었다. 특히 몇 군데 오역을 잡아준 점에 관해 이상훈 교수에게 깊은 고마움을 표하면서, 여전히 남아 있을 오역에 대한 책임은 전적으로 내게 있다는 것을 밝힌다.

어렵사리 번역 작업을 마치면서, 마지막으로 내게는 간절하게 생각나는 한 얼굴이 있다. 2021년 1월 전 세계를 휩쓴 코로나 사태 속에서 갑자기 소천하신 내 장모님이다. 이 책의 번역 초고가 완성되던 첫 번째 연구년의 마지막 달에 나는 미국 로스앤젤레스 코리아타운 끝자락의 작은 아파트에서 장인, 장모님의 보살핌을 받았다. 장모님은 오랫동안 초등학교 선생님으로 봉직하면서 언제나 한없이 선량하고 다정한 눈빛으로 아이들을 섬겼고, 생애의 마지막 날들까지 로스앤젤레스 다운타운 주변의 양로원에서 연로한 어머니들을 극진히 도우셨다. 그 얼굴, 그 눈빛을 초월적 정의의 증언으로 영원히 간직하고자, 이 작은 번역서를 사랑하고 존경하는 내 어머니 고故 박태옥 선생님께 바친다.

2023년 7월 포항 한동에서
이국운

서문

헌법 정부constitutional government의 이론과 실제는 아마도 서구세계의 가장 위대한 정치적 업적일 것이다. 이는 어느 한 세기에, 어느 한 국가에 의해 이루어진 것이 아니다. 그 때문에 우리는 국수주의적 자만심에서 벗어나 이러한 정치적 성취가 모든 인류의 영구한 유산이 되도록 소망할 수 있으리라. 하지만 그에 앞서 헌법 정부는 어떤 종교적이고 철학적인 컨센서스를 전제하는 것이 아닌가? 헌법 정부는 성장의 토대가 되었던 종교적이고 철학적인 지향성의 소멸을 견뎌낼 수 있을 것인가? 헌법 정부의 미래를 평가하기 위해서 우리는 반드시 그것이 출현한 지적 배경 및 그 변화의 양상을 이해해야만 한다.

이 책의 저자만큼 이러한 의문을 감당하기에 적합한 사람은 없다. 그는 학문 인생 전체를 헌법 정부의 철학과 운용을 위해 던졌던 학자기 때문이다. 칼 프리드리히 교수는 하버드대학교의 정부학 이튼 석좌교수인 동시에 하이델베르크대학교의 정치학 교수기도 하다. 독일에서 나고 교육받은 그는 1926년 이래로 하버드대학교에서 가르치고 있다. 그는 강의와 집필을 통해 신구대륙의 문화를 연결하는 가교 역할을 했으며, 두 대륙의 지적 유산을 모두 활용해 양자를 소통시켜 왔다. 그는 학문 분과로서 정치학의 발전에 지대한 공헌을 남겼으며 최근에는 미국정치학회의 회장으로 봉직하기도 했다. 미국 정치철학 및 법철학회의 창립 회원이면서 동 학회의 연간 학술지인《노모스Nomos》의 편집자기도 하다. 그의 대표적인 저작은 다음과 같다.《입헌정부와 민주주의: 유럽과 미국의 이론과 실제Constitutional Government and Democracy: Theory and Practice in Europe and America》(1937, rev. ed. 1941), 《일반 시민에 대한 새로운 믿음The New Belief in the Common Man》(1941),《불가피한 평화Inevitable Peace》(1948),《칸트 철학The Philosophy of Kant》(1949),《전체주의 독재와 전제정치 Totalitarian Dictatorship and Autocracy》(브레진스키 공저, 1956),《입헌적 국가이성Constitutional Reason of State》(1957),《역사적 관점에서 본 법철학The Philosophy of Law in Historical Perspective》(1958),《인간과 그의 정부Man and His Government》(1963).

이 책은 1963년 봄 프리드리히 교수가 릴리 재단Lilly Endowment의 기독교와 정치 연구프로그램의 지원으로 듀크대학교에서 세 번 연속으로 강연한 내용을 확대, 보완한 것이다. 제5장은 프리드리히 교수가 1963년 가을 미국정치학회 회장에 취임하면서 행한 연설의 개정본이며 미국정치학 보the American Political Science Review의 양해를 얻어 재수록되었다. 이 책은 릴리 재단의 재정적 후원으로 출판되는 것이지만, 그 속에 수록된 견해는 저자와 출판사의 독자적인 것이다.

존 H. 할로웰

릴리 재단 기독교와 정치 연구프로그램 소장

제1장

헌정주의의 종교적 토대 문제

새로운 국가들이 출현하는 곳마다, 오래된 국가들이 스스로 갱신하는 곳마다, 인도와 이탈리아, 나이지리아와 프랑스에서 새로운 헌법들이 시대적 명령으로 등장하고 있다. 혁명이 성공적으로 완수될 때마다, 심지어는 공산주의 혁명이 일어난 곳에서도 헌법을 제정한다. 나아가 국가적 질서를 넘어 지역적 연합과 세계적 규모의 국제연합도 헌장 또는 헌법을 형성하고자 한다. 헌법에 동의하기 어려울 것이 분명함에도 권력자들은 적어도 할 수 있는 한 빨리 헌법을 만들겠다고 약속한다. 비록 아직 연약하고 효력이 없는 상태긴 하지만, 다른 무언가에 의해 대체되지 않는 한 많은 헌법은 분명히 급속한 진화의 대상이다. 세계적 규모의 호소력에도 불구하고 헌정주의는 확실한 토대, 곧 지난날의 안정적인 자기확신을 결여하고 있는 듯이 보인다. 왜 헌법들은 그렇게 많은 어려움에 부딪히며, 그렇게 많은 긴장과 문제를 일으키는가? 이 질문을 이해하고 질문에 대답할 수 있으려면 헌정주의의 기원을 탐구하는 것이 불가피하다. 그것은 서구 기독교의 신앙체계 속에 새겨진 뒤 세속적 질서 속에서 그 함의를 표현하고 있는 정치사상으로 이해되어야만 한다. 이번 세기에 헌법을 채택한(또는 국내외의 용의주도한 후원자들에 의해 헌법이 부과된) 대다수 공동체가 비기독교적 공동체라는 점은 명백하다. 또한 과거에는 기독교적이었던 공동체들 역시 근대적 사고에 의해 그 종교적 기반이 갈수록 취약해지고 있다. '의회주의의 모국'이라는 영국의 요즈음 분위기는 17세기의 영국과는 달라도 너무 다른 것이 아닌가!

서구의 헌정주의가 기독교 문화의 일부라고 주장하면서 우리는 모든 문화적 표명이 가치와 관심과 신조의 상호 연관된 체계의 발산으로 이해되어야만 한다는 현시대의 믿음을 당연히 따른다. 이 명제의 진실성은 가치와 제도와 행위 패턴을 특정한 체계로 국한하면서 경계를 넘지 못하게 만드는 상대주의의 허위성과 연결된다. 나는 그러한 편협한 생각에 찬동하지 않으며, 다양한 콘텍스트 속에서 현상의 기초적인 재현을 인식할 뿐 아니라, 그 때문에 인간이 인간으로서 가지는 보편적 잠재력을 인정한다.[1] 달리 말해 나는 헌정주의의 문화적, 관념적 콘텍스트를 발전시킴으로써 그 보편적 타당성의 가능성을 배제하는 것을 원하지 않는다. 다만 헌정주의의 효용을 그 기원을 이루었던 가치와 신조가 더 이상 그 토대를 제공하지 않는 경우에까지 지나치게 확장시키는 것의 문제점을 지적하고자 할 따름이다.

그러나 이 또한 '헌정주의의 근거가 더 멀리까지 확대되는 것은 아닌가?' 하는 반대에 곧바로 직면하게 될 수 있다. 고전적 고대 문명까지 올라가 그리스와 로마에서 헌정주의의 진정한 기초를 발견해야 하는 것은 아닌가? 이런 생각은 참된 사실로서 광범위하게 받아들여져 있으며, 그런 까닭에 여기서는 본격적인 분석에 앞서 이에 관한 간략한 탐구를 진행해야만 하겠다.[2] 이러한 탐구는 내가 헌정주의 연구의 초점으로 삼고자 하는 정의의 문제에 관한 일종의 서론으로도 이해될 수 있을 것이다.

플라톤은 정의로운 것the just에 관한 불멸의 대화편 속에서 소크라테스를 통해 정의dikaiosyne란 자신이나 자신의 가정을 위해 "각자의 당연한 몫을 가지고 알맞게 행하는 것he tou oikeiou te kai heautou hexis te kai praxis"이라고 결론지었다.[3] 이 진술은 세 계급 각각의 역할과 기능에 관련되는 것으로 정의를 고정적이고 계서적階序的인 공동체의 질서에 연결한다. 그것은 또한 행위와 소유를 모두 강조한다. 자연법에 관한 유명한 로마법상(스토아) 정의definition의 세 번째 계율인 "각자에게 그의 몫을 주는 것suum cuique tribuere"은 여기에 공명共鳴한다.[4] 그러나 이런 형식 속에서 정의는 타인의 '소유'의 수동적인 수용이 되며, 그것이 행위의 문제인지 아니면 소유의 문제인지 하는 의문은 그대로 남게 된다. 한편 플라톤은 이 구절 및 관련된 다른 구절들에서 인격적인 자질이자 행위 및 사물의 품격으로서의 정의dikaiosyne에 관해서 언급한다. 어떤 사람이나 행위나 사물이 '올바른just'가, 더 정확히 말해서, '정당한righteous'가(dike란 기본적인 관습과 법의 의미에서 옳음을 의미한다)라는 질문은 오로지 에이도스eidos〔형상形相〕를 통찰하는 사람, 즉 선善의 이데아와 관련해 가장 순수한 형식의 의미에서 이데아를 통찰하는 사람에 의해서만 답변될 수 있다. 왜냐하면 오로지 그 사람만이 특정한 사람이나 행위나 사물이 얼마만큼이나 에이도스에 관련되는지metechei를 알 수 있기 때문이다. 에이도스로서의 정의는 초월적인 실재이고 감각의 검증 너머에 존재하는 것이다. 플라톤에 있어서 이러한 초월성은 지혜를 추구하는 자philosophos, 곧 탐색에 성공하여 진리를 아는 자가 될 때, 유일무이한 통치의 능력자가 될 그 사람을 요청한다. 참된 초월성으로서의 정의는 헌법적 질서 속에서 실현될 수 없다는 것이다.[5]

하지만 《법률론the Laws》에서는 어떠한가? 플라톤의 후기 대화편들에는 실제로 법률이나 헌법은 나타나지 않는 것인가? 법률law은 확실히 존재하지만, 서구의 전통이 발전시켜온 특징적인 의미의 헌법constitution은 존재하지 않는다. 비록 우리가 플라톤의 《법률론》이 전체주의적인 질서를 상술하고 있다는 생각을 거부할지라도(나도 그런 생각에 반대한다)[6], 이 대화편이 개인의 권리를 배제한 채 법률에 의해 엄격하게 제한되는 권위주의적인 질서를 묘사하고 있음은 분명하다. 게다가 인권의 가장 핵심적 관념인 종교적 신념을 가질 권리 (제5장 참조)가 정의로운 정치질서의 본질로서 확립된 가치체계에 대한 엄격한 복종이라는 관념에 의해 명시적으로 배제된다.[7]

하지만 그와 같은 생각은 고전 시대의 그리스에 우세했던 관점과 일치하는 것이다. 종교는 정치질서와 긴밀하게 연계되었을 뿐만 아니라 '교회'와 분리된 '국가'와 같은 실체는 인식되지 못했다. 정치ta politica를 토론할 때 플라톤과 아리스토텔레스가 생각했던 폴리스polis는 교회인 동시에 국가였으며, 그렇기 때문에 실은 그 둘 중 어느 것도 아닌 셈이었다. 플라톤과 아리스토텔레스가 모든 정치질서는 고유한 '헌법', 고유한 폴리테이아politeia 또는 폴리테우마politeuma를 가진다고 생각했던 것은 정치에 대한 이와 같은 일반적인 관점과 상통하는 것으로 보인다. 왜냐하면 후자(폴리테이아 또는 폴리테우마)는 단순하게 헌법이란 정치질서 또는 정치 구조와 동일하며 각 구성 부분들의 집괴集塊로 이루어졌음을 의미하는 것이기 때문이다. 심지어 전체주의적인 독재도 그런 의미의 '헌법'을 가진다. 독재자의 관직, 그리고 얼마 동안 그가 만족하게 생각할 만한 구조들, 중앙위원회, 상임간부회, 영역적인 분권('연방주의') 등을 포함하는 것이다. 이런 의미로 사용되는 헌법이란 용어가 특별히 다원주의적인 의미를 담고 있지 않다는 점은 명백하다. 이는 정체regime 또는 정치 구조의 동의어, 중복에 불과한 것이다.

그러나 아리스토텔레스는 폴리테이아라는 용어를 이와는 명백하게 다른 규범적 의미로 사용한다. 왜냐하면 그것은 '정치공동체polity' 또는 헌법정체로 불려온 그의 모범적 정치질서를 가리키는 것이기 때문이다.[8] 여기서 아리스토텔레스의 모범적 정치질서를 묘사할 필요는 없을 것이다. 단지 거기에는 정치 참여에 관련된 권리들을 제외하고 인권에 대한 어떤 관심도 두드러지지 않는다는 점을 지적하는 것으로 충분하다. 이는 플라톤적인 선례와 마찬가지로 세 가지 좋은 정부 형태의 복합이라는 광의의 아리스토텔레스적인 의미에서 혼합'헌법'이다. 근대적 헌정주의의 진화 과정에서 혼합헌법이 일정한 역할을 담당했음에는 의심할 여지가 없다. 우리는 뒤에서 혼합헌법을 다시 다룰 것이다(제3장을 볼 것). 여기서 문제되는 것은 이 모델이 근대적 헌법의 모델과는 전혀 다르다는 점이다. 방금 언급했듯이 인권에 대한 강조가 전혀 없었음은 물론이고, 권력 행사를 제한할 필요에 대해서도 하등의 관심이 주어지지 않았다. 여기서 '좋음'의 기준은 헌법의 안정성이거나, 만약 선택이 가능하다면 그 내구성, 즉 특정한 가치나 신조를 본래대로 유지하는 효과성 같은 것이었다. 달리 표현하자면 정부를 구성하는 사람들의 존엄이나 자유보다는 정부 자체의 생존이 헌법의 가치를 결정하는 기준이었던 셈이다. 균형과 조화를 갖춘 관계들 속에서 '중용지도中庸之道'를 조직함으로써 혼합헌법은 정의를 달성했다. 여기서 정의는 비례적이고 산술적인 평등의 꼼꼼한 체계인 공동체 속에서 그 가치와 신조의 이름으로 규정된 것이었다.

요컨대 아리스토텔레스의 폴리테이아는 모범적 정치질서로서의 규범적 관념 속에 '개인적 영역, 더 적확하게는 종교적 영역으로부터 정부를 배제한다'는 헌법의 특수한 근대적 함축을 결여하고 있다. 이러한 결핍은 로마적 전통에 있어서도 동등하게 주목될 만하다. 폴리비우스가 로마공화국에 대한 그의 기념비적인 분석을 저술했을 때, 이 그리스인에게는 종교적 정통주의와 정치권력의 조심스런 균형에 로마공화국의 구조적 탁월성이 있다고 보인 것이다.[9] 그러나 로마공화국의 질서가 가장 정교한 규칙에 입각한 규율체계와 동일한 것은 아니지 않았을까? 행정부의 수반을 분할함에 있어서 그것이 극단적으로 규칙에 따른 제약을 두었다는 점도 대단히 확실하다. 국가의 수반으로 두 명의 집정관consul을 둔 점에서 로마공화국의 예를 따른 국가는 거의 없다. 상호 연동된 집행 및 행정의 기관들과 담당자들의 복잡한 체계, 규칙제정권의 분리 및 사법기능의 정교하게 균형 잡힌 행사[10], 이 모든 것들이 정교한 규칙에 입각한 규율체계를 구성했음은 분명하다. 그러나 폴리비우스가 감탄한 근거는 이 헌법의 기본적인 성취 그 자체였다. 인간의 보호는 근거가 아니었으며, 제한된 절차적 의미가 아니라면 인간의 보호와 같은 것은 존재하지도 않았다. 그가 감탄한 근거는 헌법이 로마를 강하게 만들었고, 로마의 군인-시민soldier-citizen이 공화국의 일에 효과적으로 참여할 수 있도록 했다는 점이었다. 로마적 '헌정주의'(만약 이런 용어를 쓸 수 있다면)는 다원주의적인 것이 아니었다. 이는 비르투스virtus의 입장에서 이루어진 인간의 삶에 대한 이교도적 평가에 근거한 것이었으며, 여기서 비르투스 또는 남자다움이란 전투 현장이나 정치적 라이벌 관계에서의 탁월성으로 이해되었다. 로마적 키비타스civitas 이론에 따르면 인민, 오로지 인민이 모든 법의 원천이었다. 그러므로 로마적 헌정주의의 핵심 정신을 이해하려면 반드시 법 lex에 관한 그들 자신의 관점에 대한 통찰을 전제해야만 한다.[11] 하지만 그 법 역시 로마제국의 법이 되었으며, 그 뒤에도 옛 헌정주의의 오랜 외관은 여전히 유지되었으나 시간이 지나면서 점차 흐릿해져갔다.[12] 법의 이러한 지속성은 그것이 정치질서를 구성한 사람들이 아니라 정치질서 그 자체에 정향되고 선점되어 있었기에 가능했다. 오늘날 이야기되듯이 로마법이 심지어 로마제국의 붕괴 이후에도 유지되었음은 사실이지만, 오로지 제한된 의미에서만 그러하다. 특별히 (전형적인 폴리스polis로서의) 로마의 종교와 가장 밀접하게 연결된 법의 부분들은 기독교인 황제의 치하에서 로마법이 법전화되었을 때 이미 약화되다가, 결국 방기되었다. 그러나 "필요에 의해서든 선택에 의해서든 로마제국의 법이 우리 문명의 형성에 있어서 중대한 역할을 해왔다는 사실을 우리는 결코 변경할 수 없다".[13] 통치에 있어서 법의 중요성이라는 원칙에 관해서도 로마제국의 법이 지대한 영향을 미쳤음은 물론이다.

키케로의 위상에 관한 검토를 통해 우리는 방금 언급한 것을 확인할 수 있다. 《국가론》에서 키케로는 국가란 인민의 것으로서 인민에 근거하는 것이며, 그 인민은 다시 법에 대한 동의와 이익의 공유에 의해 "결합된associated" "다수multitude의 집합"으로 정의된다고 주장하면서("coetus multitudinis juris consensu et utilitatis communione sociatus") 조금 더 가서 〔시민〕법을 사회의 결속체vinculum sociatatis로 묘사한다.[14] 다른 논저에서 키케로는 법의 중요성을 더욱 부각하며 법이 없으면 정치공동체는 존재할 수 없다면서 법에 최고의 중요성을 부여할 것을 역설한다.[15] 키케로가 키비타스를 두고 그가 이미 검토한 세 개의 정부 형태(군주정, 귀족정, 민주정) 속에서 최적화될 수 있다고 믿는 것은 무엇보다 이런 이유에서다. 그는 혼합정부 또는 혼합정체로 일컬어져 왔던 결합 형태의 키비타스에 국한해 말한다.[16] 정확히 말해서 그것은 안정성을 제공하는 까닭에 찬양의 대상이 되는데, 스키피오는 다른 정부 형태에서 나타나는 계속되는 혁명과 반동을 지적하면서,

이를 회피하기 위해 "다른 세 가지를 적절히 [균형 있게] 혼합한 것"인 네 번째 형태를 가장 훌륭한 것으로 생각한다고 언급한다. 스파르타나 카르타고와 마찬가지로 이 마지막 형태가 로마 국가civitas의 헌법이 되어야 한다는 것이다. 여기에는 국가의 공적 사안에 대한 참여나 법적 권리들에 대한 상호적 보호 이외에 시민의 권리들에 관한 언급은 전혀 없다. 가치의 정치적 토대를 고려할 때, 종교적 권리를 포함한 어떠한 권리들도 존재할 수 없었을 것이다.

요컨대 군주정, 귀족정, 민주정의 요소를 뒤섞은 혼합정체의 정교한 체계를 인정하는 것은 우리의 핵심 논점, 즉 로마 헌법의 기본 기능이 기독교 전통에서의 헌정주의 기능과는 정반대였다는 주장을 배제하지 않는다. 왜냐하면 기독교 전통에서 법과 그 법이 근거로 삼는 정의는 일차적으로, 인민의 의지이든 황제의 의지이든, 의지의 문제가 아니기 때문이다. 신의 인격적 거룩함과 그 상대방인 인간 및 피조물의 존엄이 충족되는 경우에만 법과 정의는 실감되고 이해될 수 있다. 인간적 정의human justice의 본질은 유한한 인생에게는 부분적으로 계시되는 미스테리인 신적 정의divine justice의 거울 속에 비치는 것이다. 이런 의미에서 그것은 종교적 외관을 가진 플라톤적인 관념이며, 철학적 견지에서는 목도되는 것이라기보다 차라리 계시되는 것이다.

교부教父들 가운데 이 점을 가장 세심하게 해명한 인물은

32

성 아우구스티누스다. 아마도 그 이유는 그가 로마적 전통과 플라톤 철학에 깊이 관련되었기 때문일 것이다.[17] 통치 및 정치질서에 관한 아우구스티누스의 '비관주의적' 이해는 그가 참된 정의의 전적인 초월성을 강조한 것에 따르는 논리적이고 영적인 결과물이다. 참된 정의는 오직 신적 은총에 힘입어 믿음으로 얻어지며, 기독교적이든 비기독교적이든 간에 어떠한 세속적인 정치공동체에서도 확보될 수 없다. 바람직하기로는 통치자가 기독교인이고 경건한 신사여야겠지만, 지상의 도성, 곧 키비타스 테레나civitas terrena의 주된 목적은 질서와 평화이며, 모든 기독교인은 이러한 최고의 목표를 달성하기 위해 공포된 법률을 그 정당성 여부에 상관없이 복종해야만 한다. 왜냐하면 심지어 최고의 법률들조차 이 세상이 아닌 신의 도성에서만 발견될 수 있는 참된 정의의 '흔적'이거나 '이미지'에 불과하기 때문이다.

어떠한 세속적 정치질서도 참된 정의의 질서가 될 수 없다는 것이야말로 성 아우구스티누스의 가장 절박한 관심이 담긴 주장이었다. 로마인의 한 사람으로서 그는 로마법의 당당한 전통과 대결하고 있다. 이 전통은 (로마)공화국의 기초로서, 우리가 살폈듯이, 공화국의 '헌정' 질서가 와해된 이후에도 (로마)제국에 의해서 유지되고 있었다. 이에 관한 가장 위대한 철학적 해석자는 키케로였으며, 그러므로 성 아우구스티누스가 키케로적 입장에 대처하고 그것을 거부하기 위해 심각한 고통을 감수해야만 했음은 놀라운 일이 아니다. 위에서 언급한 바와 같이 레스 푸블리카republica에 대한 키케로의 이해는 인민과 그들의 사회를 함께 붙잡아 주는 결속체로서 법에 대한 공감대적 합의consensus juris에 주된 강조점이 놓여 있다. 그러나 법jus이 정의justitia에 기초를 두는 것이며 정의가 모든 이에게 정당한 몫을 주는 것이라면, 어떻게 로마 또는 다른 이교적 정치공동체가 정의에 기초할 수 있다는 말인가? 이는 불멸의 신이 인간이 경외해야 하는 대상들 중 가장 중요한 것이 아니기 때문인가? 로마인들은 유일한 하나님이 아니라 '악마들'을 경배하지 않았던가? 심지어 통치자들과 피치자들이 기독교인인 정치질서에서도 제한된 숫자만이 하나님을 경외하려고 하고, 그들조차도 참된 정의를 얻기 위해 신적 은총을 간구하면서 그저 시도만 할 뿐 더 이상 나아가지 못한다.

성 아우구스티누스는 고통을 감수하면서 정치공동체를 구성하는 인민에 대한 새로운 '정의definition'로 키케로적 입장을 달리 진술했다. 그러한 인민이란 "인민이 소중히 여기는 [사랑하는] 물건들의 조화로운 공유에 의해 결합된 합리적 다수의 집합"이다.[18] 현대 용어로 표현하자면, 여기서 성 아우구스티누스가 말하는 것은 공감대적 합의consensus가 (참된) 정의보다는 세속적 가치에 존재한다는 점이다. 그렇다면 국가는 신적으로 계시된 가치가 아니라 (인민의) 공유된 가치의 공동체이다. 선량한 로마인의 한 사람으로서 히포의 이 위대한 주교는 로마공화국에 레스 푸블리카의 명칭을 부여하지 않는 것에 불편함을 느낀다. 법에 대한 공감대적 합의consensus juris가 그러한 레스 푸블리카의 가장 중요한 특징이라면 그가 그 명칭을 거부하는 것이 당연함에도 그러하다. 동시에 그는 레스 포풀리res populi로서의 레스 푸블리카, 즉 인민에 '속한' 정치질서로서의 레스 푸블리카와 레그눔regnum, 즉 그렇지 못한 정치질서의 대조에 관심을 두는 것처럼 보인다. 이 레그나regna에 관해 그는 유명한 유추analogy로써 강도 집단에 비교한다.[19] 이러한 대조를 너무 강조할 필요는 없겠지만, 아우구스티누스가 공화국과 강도 집단 사이의 그와 같은 유추를 제안하려던 것은 아니라는 점은 확실하다. 왜냐하면 그는 자신의 논지를 환기하면서 왕국의 기원 및 성장을 강도 집단의 기원 및 성장과 연결하는데, 군주정과 공화정의 이와 같은 경멸적 대조야말로 로마적 전통이기 때문이다. 성 아우구스티누스의 여러 구절들은 그가 예전의 로마공화국 및 그 덕성들을, 비록 그러한 비르투스를 진정한 덕성으로 인정한 것은 물론 아니지만, 탁월한 것으로 생각하고 있었음을 보여준다. 또한 이러한 구분을 성 아우구스티누스가 실제로 레스 푸블리카를 모범적 정치질서로 바라보고 있었다는 주장의 기초로 삼는 것은 허용될 수 없다.[20] 모범적 정치질서는 신의 도성, 즉 키비타스 데이Civitas Dei인 것이다. 키비타스는 정치질서 또는 레스 푸블리카에respublicae, 레그나regna, 임페리아imperia 등 여러 종류의 공동체(국가)를 의미하는 광범위하고 포괄적인 용어이다. 이들 중 일부는 상당한 정도의 선善을 달성했다. 레그나와 임페리아는 좋은 통치자들을 통해서, 레스 푸블리카에는 좋은 법을 통해서 그렇게 했다.[21]

성 아우구스티누스가 이러한 정치질서 중 어느 하나를 반드시 선호했다는 표시는 어디에도 없다. 그중 어느 것도 참된 정의를 달성할 수 없었던 까닭이다. 그의 의문은 '평화와 질서를 유지하는 데 어느 질서가 가장 효과적인가'였다. 다른 교부 저술가들과 마찬가지로 그는 현존하는 국가와 법의 조건들을 받아들이는 경향을 보였다. 다른 모든 시련 및 고난과 마찬가지로 악한 황제들은 죄가 가득한 인간들에게 주어진 하늘의 응징이었다. 교회가 수호해야 할 참된 정의가 그와 같은 평가의 궁극적인 가늠자였음에도 불구하고, 성 아우구스티누스가 초월적 정의를 정치적 진보를 위한 조직 원리로 사용할 가능성을 염두에 두었던 것 같지는 않다. 기실 그는 이를 명시적으로 금지한다. 기독교인들은 악한 통치자에게 저항하지 말고 복종해야만 한다. 설령 그 통치자가 신의 계명과 모순되는 명령을 내린다 해도 물론 그들은 신에게 복종해야 한다. 그러나 이러한 복종에는 오로지 수동적인 저항만이 포함되며, 그들은 정치질서의 개혁을 위한 적극적인 관심을 가져서는 안 된다. 법률은 참된 정의의 요건들에 따라야 하지만, 때때로 그렇지 못할 경우가 있다. 엄격한 의미에서 그러한 법률은 진정한 법률이 아니다. 그는 초기의 저술들에서만이 아니라 《신국론Civitas Dei》에서도 이 점을 매우 명시적으로 진술한다. "나에게는, 공정하지 못한 법은 법이 아닌 것으로 보인다."[22] 하지만 변증가인 성 아우구스티누스는 통상의 실정법lex temporalis은 죄가 아니라 단지 평화적 질서를 해치는 특정한 규칙 위반만을 처벌할 수 있다는 사실을 잘 알고 있었다. 따라서 그는 실정법의 강제력을 로마적 전통 속에서 해석했다. 그의 해석에 따르면, 합리적 자연법은 (그것을) "인간에 의해 고안된" 인간의 창작물이 아니라[23] "명령과 금지의 지혜로서 온 세상을 통치하는 영원한 무엇(aeternum quiddam, quod uniuersum mundum regeret imperandi prohibendique sapientia)"으로 이해하는 키케로식의 스토아적 독트린의 초월적인 변형이었다. 왜냐하면 키케로도 자연의 법에 어긋나는 법은 진정한 법이 아닌 것으로 주장했기 때문이다. 그러나 키케로에게 자연의 법은 인간에게 내재적인 것이다. 그는 말한다. "우리는 정의롭게 태어났다. 그리고 법은 견해가 아니라 인간의 진정한 본성에 기초한다." 따라서 키케로에게는 통치 형태의 유의미한 차이들이 존재하고, 법이 실현되고 참된 정의가 달성될 수 있는 '최고의' 통치 형태가 존재한다. 이에 반해 초월적 정의의 아우구스티누스적인 이해는 그와 같은 구체화를 배제했다.

정의에 대한 이런 관점은 정의의 권위에 대한 고차적인 원천과 관련해 정치질서의 기능 발현에 연결된 모든 엄밀한 정치적 논의들을 초월해버린다. 이로써 그것은 플라톤을 애태웠던 철학적 불확실성, 곧 통상적이고 임시적인 정의에 관한 의구심을 해방시키면서, 탐구자에게 다음의 질문을 던지게 될 뿐이다. 모든 정치적 현상에서 반복되는 것은 어떤 특별한 행위들 또는 행위들의 복합 또는 사건인가? 또 인민이 정의 또는 부정의를 말할 때 의미하는 것은 어떤 구체적인 정치적 경험인가?[24] 여기서 구체적인 정치적 경험이란 인간과 상황에 대한 비교 평가를 요청하는 것이다. 이러한 평가는 그 평가에 영향을 받는 사람들에게 평가를 관련시킴으로써 행위의 적합성을 결정하게 된다. 질문은 이러하다. 그들은 평등한가, 어떤 방식으로 그러한가? 답변은 특정한 공동체의 유력한 가치와 신조의 입장에서 주어진다. 그러나 이와 같은 질문은 기독교 공동체와 관련해 던져질 때 성 아우구스티누스가 초월적인 것으로 보았던 문제를 새롭고 강렬한 방식으로 제기한다. 그때그때의 질서 속에서 기독교적 정의의 이념을 결정하여 정의로운 정치질서의 특정한 관념을 형성한 가치 판단의 구체적인 근거는 무엇인가? 더 구체적으로, 이로부터 서구의 독특한 의미에서 오로지 헌정질서만이 기독교 공동체의 정의로운 질서일 수 있다는 결론이 도출될 수도 있는가? 이는 성 아우구스티누스가 던지지도 답하지도 않은 질문이었지만, 성 토마스와 다른 중세 사상가들은 맞닥뜨려 해결하려고 했던 것이다. 이들이 발견했거나 발견했다고 믿었던 답변들은 물론 기독교적 가치 이외의 가치도 비슷한 토대를 제공할 수 있다는 가능성을 배제하지 않았다. 그러나 어떤 경우든 그 답변들은 그와 같은 유사한 가치적 토대가 의미를 가질 수 있는지에 관한 탐구를 통해 확인될 필요가 있다.

이와 같은 질문들은 다시 한번 헌정주의의 독특한 서구적 형식 문제로 논의를 돌려놓는다. 앞에서의 분석에 특징적 면모가 암시되기는 했지만, 이제 그것은 더욱 명시적으로 도출되어야 한다.[25] 출발점에서는 일단 헌법의 정치적 중요성이 문서나 법전의 형식으로 구체화된다거나 이를 통해 정부가 조직된다는 점에 있지 않다는 것을 말해 두자. 물론 후자의 이해는 모든 정부는 어떤 형태로든 헌법을 가진다는 것을 의미할 수도 있다. 종국적으로는 헌법이 특정한 공동체의 기본적 법규들을 통합시킨다는 의미에서 '기본법'이 아니라는 사실이 관찰될 수도 있다. 사법과 형법의 근본 법규들 중 대다수는 헌법에 포함되어 있지 않다.

헌법과 헌정주의의 진정한 본질은, 즉 모든 비헌정주의적 정체와 대조되는 그 종차種差(differentia specifica)[26]는 다음과 같은 질문 속에서 발견된다. 헌법의 정치적 기능은 무엇인가? 왜냐하면 헌법의 기능은 특정한 정치적 목표들을 실현하는 것이기 때문이다. 그 가운데 핵심 목표는 정치공동체의 각 구성원들을 순전한 자치의 영역을 가진 정치적 인격으로서 보호하는 것이다. 헌법은 자아의 존엄과 가치를 보호하고자 한다. 이는 자아가 가장 중요한 본래적 가치를 지닌 것으로 믿어지는 까닭이다. 앞서 논의했듯이 기독교적 신조에 뿌리를 둔 자아에 대한 이러한 선입견은 결국 자연적인 것으로 생각된 권리의 관념을 불러일으켰다. 이 때문에 헌법의 기능은 인권을 규정하고 유지하는 것이라고도 말할 수 있다. 이 권리들 가운데 각 개인의 종교적 신앙의 권리는 영적인 영역에서, 사적 재산의 권리는 물질적 영역에서 각각 결정적 중요성을 가졌고, 또 가지고 있다(이에 대한 자세한 논구는 제5장을 볼 것). 하지만 이 두 권리는 모두 그 내부에서 다양한 변용을 겪으면서 중대한 변화를 경험해왔다. 그러나 서구적 헌정주의의 역사를 통해 일관된 것은 개인으로서의 인간은 최고의 중요성을 지니며, 통치자가 군주든 당黨이든 다수 인민이든 간에 그 간섭에 맞서서 보호되어야 한다는 관념이다.

헌정질서의 가장 중요한 기능은 정치권력의 행사자들에게 부과된 규칙에 입각한 규율체계에 의해 성취되어왔고 또 성취되고 있다. '견제와 균형checks and balances'의 원리 속에 축약된 권력의 분립은 이 규칙에 입각한 규율체계를 효과적으로 조직하기 위한 효과적인 방법으로 개발된 것이다. 권력의 분립은 예컨대 입법, 행정, 사법과 같은 기능적인 것일 수도 있고, 연방주의나 헌법적으로 보장된 지방자치정부처럼 공간적이거나 지역적인 것일 수도 있다. 권력의 분립은 결코 '고정된' 것이 아니며, 사회 속에서 벌어지는 변화에 부응해 끊임없이 진화하는 것이다. 헌법 또는 헌정주의는 실로 지속적인 과정이다. 어떤 특정한 패턴이나 디자인은, 마치 생명 순환의 특정 시점에 어떤 유기적 생명체가 드러내는 패턴이 그러한 것처럼, 단지 그때 자리 잡은 방식에 불과한 것이다.27

그러나 헌법 정부는 효율적 통치를 제공하는 기능을 충족시켜야 하므로 그와 같은 규칙에 입각한 규율체계는 신중하게 그 본질에 국한되어야 한다. 초기의 헌정주의에 비해 현대의 헌정주의는 규칙에 입각한 규율체계를 통합시키는 기제로서 정당의 역할을 점점 더 많이 인식하고 있다. 동시에 정당이 다시 정당 지도자들의 공직 수행과 관련된 헌법적 규제들을 쓸모없게 만들 위험을 회피하기 위해, 현대의 헌정주의는 야당野黨의 역할에 대한 명시적 인식을 통해 정당의 공정하고 규칙적인 교대를 보장하려 해왔다. 이 모든 낯익은 논제들은 오로지 무엇이 현대의 서구적 헌정주의를 구성하는지를 환기하기 위해 언급된 것이다. 많은 신생 국가들에서 일당一黨체제를 확립하는 것(비록 그것이 '민주주의'의 이름으로 정당화되고 있지만)에 대한 깊은 우려는 헌정주의의 전통에 제대로 근거한 것이다. 소수 정당들이 정부의 효과적인 비판자로 작동하는 것이 허용되는 한에서 그러한 일당체제는 헌정질서의 한계선상에 놓일 수 있다.

다른 모든 정부들과 마찬가지로 헌법 정부 역시 설립되어야 하고 또 실현되어야 한다. 이와 같은 구성적 책무는 오직 실제적 권력을 가진 집단(때로는 한 인물)에 의해 달성될 수 있다. 그러한 설립 행위는 명백하게 권력을 휘두르는 자들이 물러나기를 요청한다. 바로 이 물러남에 헌정주의의 가장 중요한 어려움이 존재한다. 실제 권력을 휘두르는 자들이 그 권력을 포기하는 것은 비자연적이다. 그런 까닭에 이와 같은 특별한 행위가 발생하기 위해서는 심오한 확신이 필요하다. 아테네의 폴리스를 재조직한 뒤 솔론은 긴 여행을 떠났다. 그의 확신은 부정적인 것, 즉 폭군정에 대한 혐오였다. 솔론의 리더십은 분명 대단히 압도적인 것이어서 그는 자신의 의지와 상관없이malgré lui 폭군이 되는 것을 두려워했다. 이 자기절제의 행위는 고대 전체를 통해 솔론의 지혜의 가장 특별한 표상으로 기념되었다. 그렇지만, 그의 '헌법'이 완성하고자 했던 계급 간의 균형은 현대적 의미로 보자면 헌정질서보다는 안정된 질서를 달성하려는 희망 속에서 수행되었다.[28] 하지만 안정, 평화 그리고 질서는 모든 정부의 목표이며, 따라서 헌정주의보다는 전통적인 군주정이 탁월한 정도의 안정, 평화, 그리고 질서를 제공함을 보여주는 훌륭한 논변들이 제출될 수 있고 실제로 그래왔던 것도 물론 사실이다. 현대의 헌정질서에 대한 탐색은 자신들의 주권적 권력을 기꺼이 포기하고 인민을 대표해 헌정 권력constituent power을 행사한 것에 만족했던 정부 창설자들의 행위가 그들 개개인의 인격적 고결성에 대한 심오한 확신의 표현으로 인식될 때만 완결될 수 있다. 이어지는 장들은 서구에서 이와 같은 신념의 종교적 기초들을 스케치하려는 하나의 시도다. 종교적 확신에 근거한 정의는 인간의 이해를 초월하는 신적 정의에 관해 인간과 제도 속에서 이루어지는 성찰이다. 서구적 헌정주의에 대한 철 지난 그러나 심오한 신봉자였던 에드먼드 버크는 자신이 그다지 뛰어나지 못했던 이 분야에 관해 열렬한 수사 修辭를 동원해 이 점을 잘 표현한다.

"어떠한 변화도 허용하지 않는 하나의 사실, 단 하나의 사실이 있다. 그 사실은 이 세계보다 먼저 존재했으며 세계의 구조 그 자체보다 오래 생존할 것이다. 내가 말하려는 것은 정의다. 신성성에서 분출된 이 정의는 우리 모든 사람의 가슴 속에 자리 잡고 있다. … 그것은 이 세상이 재로 불타 없어진 이후에도 살아남아 저 위대한 재판장 앞에서 우리를 변호하거나 고소하게 될 것이다…"

스토아 철학자들도 이 말을 거부하지 못했을 것이다. 그러나 그들은 그럼에도 특정한 정치질서, 즉 모든 개인에게 각각 실현되는 수준까지 제도화하는 데 실패했던 특정한 정치질서를 받아들이는 정도에 만족했다. 서구적 헌정주의에 대해서도 마찬가지였다.

제2장

중세의 헌정주의

성 아우구스티누스는 신이 금지한 것을 통치자가 명령할 경우 기독교인에게 수동적인 불복종의 의무가 있다는 점을 상당한 거리낌을 가진 채 용인했다. 이러한 용인은 중세적 헌정주의의 핵심 교의로 개화되었다. 이 위대한 주교는 다른 선량한 로마인들처럼 로마서 13장이 옳다고 확신한 것이다. "위에 있는 권세들에게 굴복하라."[29] "권세는 하나님께로 나지 않음이 없나니." 그 결과로 확립된 권위에 저항하는 자는 하나님의 "명"을 저항하는 것이다.[30] 그에게 있어서 교회는 아직 어떠한 정치적 기능도 가지지 못했다. 그러나 중세적 질서가 발전되면서 자신들에게 맡겨진 권력을 남용하는 통치자들에 대한 능동적인 저항의 독트린이 광범위하게 인식되었다. 많은 저술가들, 특히 세속 통치자들과 교회 권력 사이에 벌어진 수많은 갈등에서 교회 편에 섰던 저술가들은 그 본래적 가능성을 발전시켰다. 교회는 통치자가 법을 언제, 얼마나 위반했는지, 따라서 저항이 가능한지 아닌지를 결정하는 최종적인 심판자가 되었다. 이러한 위법행위는 궁극적으로 신앙심, 곧 성 바울이 복종에 관한 요청의 기초로 삼았던 하나님의 법령에 연결된 것이었다. 토마스 아퀴나스는 이렇게 쓰고 있다. "통치자가 신앙을 버리고 배교자로 파문선고를 받게 되자마자, 그의 신민들은 바로 그 사실에 의해 통치에서 자유롭게 되며, 그들을 구속했던 충성서약에서도 자유롭게 된다." 대부분의 중세 저술가에게 이와 같은 관념은 폭군정의 교의와 연계되었다. 폭군정은 '불의한' 통치로 믿어졌으며, 공공선이 아니라 통치자의 사적 이익을 목표하는 통치를 의미했다. 폭군통치에 대한 이러한 규정은 아리스토텔레스적인 기원을 가지는 것으로서, 이는 폭군정의 위상에 내포된 초월적인 의미들을 쉽사리 모호하게 만들었다. 공공선은 인민의 영적 복지를 살피도록 위임받은 교회의 효과적인 기능 발휘와 불가분의 것이었다. 이처럼 교회는 회피할 수 없는 개인적 영역을 경계하고 보호하는 사명을 부여받았다. 그 개인적 영역에서 인간은 자신의 종교가 선포한 것을 실행함으로써 자신의 신앙에 생명을 불어넣고 이를 통해 신적 은총과 구원을 소망할 수 있는 만큼이나마 정의롭고 공정하게 될 수 있을 터였다. 나아가 교회는 경계자고, 보호자의 기능을 완수하기 위해 조력자를 필요로 하는 까닭에 정치·사회적으로 유력한 신분들estates이 결정적인 제도적 수단이 되었다. 중세적 헌정주의는 '신분들에 의한 그리고 신분들과 함께하는' 통치였으며, 영어권의 인민에게 이것은 의회와 같은 기관들의 성장에 의해 전형적으로 나타났다. 이 점에서 솔즈베리의 존John of Salisbury은 포테스큐Fortescue류의 '헌정주의적' 사고와는 거리가 아주 멀었음에도 불구하고 헌정주의의 선구자가 되었으며, 그와 동시대인인 저명한 토마스 베켓Thomas à Becket은 이를 위한 때 이른 순교자가 되었던 것이다. 토지 재산권을 강조하는 봉건질서의 다원주의에 의해 보호받은 채로, 이처럼 종교적 신앙에 관한 권리는 후일 인권의 진화 과정에서 중요한 역할을 수행하게 되는 종교와 재산의 특징적인 연계라는 초보적 암중모색 속에 표현되었다. 후술하듯이, 이것은 혼합헌법이라는 고대의 독트린에서 출발한 권력분립적 정치질서에 대한 확고한 수용으로 이어졌다. 다만 앞에서 본 것처럼 고전 저술가들에게는 혼합정체의 목적이 상당히 다른 것이었지만 말이다.[31]

　"이들을 혼합한 정체가 있으니, 그것이 최선의 정체다Est aliquod regimen ex istis commixtum, quod est optimum …." 이것은 군주정, 귀족정, 민주정, 그리고 폭군정까지 네 가지 통치 형태를 살핀 뒤에 토마스 아퀴나스가 내린 판단이다. 마지막 형태에 관해서 그는 폭군정이란 전적으로 부패한 것인 까닭에 폭군정에서는 어떠한 법도 만들어질 수 없다고 본다.[32] 다른 세 가지는 모두 정의로울 수 있으나, 더욱 정의로운 것은 이들의 혼합 형태이다. 혼합정체가 최상인 까닭은 그 속에서 군주정, 귀족정, 민주정이 산출하는 여러 종류의 법들이 복합되기 때문이다. 이 아이디어는 로마의 공화국적 질서의 관점에서 주장된다. 토마스 아퀴나스는 혼합정체를 신봉한다. 그가 명시적으로 헌정주의에 기울어진 가치 판단을 하고 있다는 점은 처음부터 명확하게 평가해둘 만하다. 정반대의 주장을 담은 매우 권위주의적인 견해들이 자주 제기되어 왔기 때문이다. 조금 더 구체적으로는 초기의 덜 중요한 저작들에서 토마스 아퀴나스가 군주정을 선호했던 강도를 놓고 논쟁이 벌어져왔다. 토마스 아퀴나스의 이 관점을 지지하는 강력한 진술들이 인용될 수 있음에는 의심의 여지가 없다.[33] 아퀴나스의 진술들은 매우 명료하게 보이므로 누구든지 그 해석의 문제를 놓고 혼란스러워진다. 토마스 아퀴나스 및 그가 전형적으로 보여주는 중세적 전통을 엄격한 의미에서 헌정주의(자)로 볼 수 있는지가 바로 이 문제의 해결에 달려있으므로 우리에게 그런 혼란은 결정적인 것일 수밖에 없다. 여기서는 서로 연결된 몇 단계의 논변을 진행해보고자 한다. 이는 다음의 질문들에 대한 답변들이기도 하다. (1) 뒷부분의 논의에 비추어 볼 때,《군주통치론De Regimine Principum》의 도입부 몇 장의 진정한 의미는 무엇인가? 처음부터 군주정을 찬양할 만한 이유를 그는 가지고 있었는가? (2) 루카의 프톨레미Ptolemy of Lucca가 저자로 추정됨에도 뒷부분의 서술(Bks. II. v에서 끝까지)이 이용될 수 있는가? (3)《군주통치론》의 논의는 어떻게 《신학대전Summa Theologiae》의 논의와 조화될 수 있는가?[34]

첫 번째 질문을 생각함에 있어서, 《군주통치론》이 아마도 1265년 이후에 저술되었으며, 추정컨대 1267년에 죽은 키프로스의 휴고 2세Hugo II of Cyprus라는 젊은 군주를 위해 집필된 고서livre d'occasion였다는 점을 기억할 필요가 있다.[35] 오로지 제1권과 제2권의 첫 네 장만이 토마스 아퀴나스 자신의 작품이라는 사실은 오늘날 일반적으로 인정되고 있다.[36] 명백하게 이 장들은 군주정을 최고의 통치 형태로 보는 점에 관한 강력한 설명을 포함하고 있다. 군주에게 헌정된 연구라는 점에서 이는 매우 당연한 것으로 보인다. 그 군주가 군주정을 거부하는 정치적 논고를 좋아했을 것 같지 않기 때문이다. 하지만 이후의 논의에 비추어 보면, 특히 제4권과 제3권 제11장 그리고 다른 곳에서도, 군주정에 대한 그와 같은 선호는 법에 근거한 군주정의 아이디어를 소개하려는 목적에서 이루어진 것으로 보인다. 이 독특한 군주정은 기후와 그에 따른 사람들의 특성을 고려할 때 오로지 특정 지역에서만 바람직하게 실현될 수 있다는 것이다. 이탈리아에서는(그리스에서도 마찬가지로) 헌정적 공화정체가 선호되어야 한다.[37] "남자답고 대담성이 있으며, 자신의 지성에 자신감이 있는 자들은 군주에 의한 정치 이외에는 다스려질 수 없다. … 그런데 그러한 지배는 특히 이탈리아에서 왕성하다Qui autem virilis et in audacia cordis, & in confidentia suae intelligentiae sunt, tales regi non possunt nisi principatu politico ⋯ Tale autem Dominium maxime in Italia veget"라고 그는 말한다.[38] 선거의 중요성에 주의하면서, 그와 같은 정부들이 법에 근거하며 더욱 특별히는 헌법에 근거한다는 점이 주목된다. "왜냐하면 법률들에 의해 정치지도자들이 구속되기 때문이다quia legibus astringuntur rectores politici." 여기서 통치자들은 "그들의 마음속에 법률들이 숨겨져 있는in ipsorum pectore sunt leges reconditae" 군주정에서처럼 법을 위반해서는 안 된다. 그러한 헌정적 정체regimen politicum에서 정치지도자들rectores politici은 "성문법 밖에서는 어떤 새로운 것도 감히 행하지 않았다non audebant aliquam facere novitatem, praeter legem conscriptam". 이 통치자들은 군주제적일 수 있으나, 그들은 선출직이며, 직무에 관해서 헌법에 종속된다. 통상의 용법과 반대로, 이 맥락에서 '헌법'이라는 용어는 정체를 수립한다는 특수한 의미로 사용되는 것이며, 로마제국에 존재했던 것과 같은 절대군주의 칙법을 지칭하는 것이 아니다.[39] 제왕적 정체regimen regale와 헌정적 정체 regimen politicum의 이러한 구분은 영국 헌정주의의 발전에서 창발적인 중요성을 가지게 되었다. 왜냐하면 영국 헌법에 대한 분석에서 존 포테스큐가 이 점을 대륙 헌법의 사례, 무엇보다 프랑스 헌법과 대비되는 결정적인 근거로 삼았기 때문이다.[40] 군주정체가 정치적 정체, 즉 헌정적 정체가 될 수 있다는 것은 《군주통치론》에서 암시되었고, 그래서 저 천사 박사Angelic Doctor(토마스 아퀴나스의 별명)의 충만한 권위로 뒤덮인 입장이 되었던 것이다.

이는 두 번째 질문을 정면으로 불러일으킨다. 왜냐하면 《군주통치론》의 후반부는 전반부와 불일치하는 점이 많아 토마스 아퀴나스의 고유한 관점을 담고 있다고 볼 수 없다는 점이 매우 일반적으로 주장되어온 까닭이다. 루카의 프톨레미가 저자라는 주장은 논란의 여지가 있긴 하지만 그가 토마스 아퀴나스의 학생이었고 또 전통적으로 그렇게 믿어져 온 까닭에 그를 이 부분의 저자 또는 편집자로 인정하는 것이 바람직해 보인다.[41] 내게 중요하게 보이는 것은 차라리 후술하는 더 일반적인 성찰이다. 학생이 그의 스승, 그것도 저명한 저술가이며 존경받는 스승의 이름으로, 표시된 저자의 것이 아님을 누구나 쉽게 알 수 있는 관점을 제시했다고 가정하는 것이 내게는 약간 불합리하게 생각된다. 더 중요한 것은 여기에 나타난 관점들이 원저자의 중요한 체계적 저작에서 확립되었다고 알려진 것들(동시대의 저작들에 대비할 경우)과 더욱 잘 맞아 들어간다는 점이다. 확실히 《군주통치론》의 후반부가 《신학대전》 및 다른 저작들에 표현된 정치에 관한 토마스 아퀴나스의 입장과 조화될 수 있는 가능성을 먼저 충분히 검토하지 않은 채로, 누구든 그와 같은 가정을 받아들여서는 안 된다. 이 작업을 위해서 우리는 이제 세 번째 질문을 생각해보아야 한다. 이것이야말로 본 장의 주제 중 가장 핵심적인 부분이다.

무엇보다 먼저 앞에서 언급된 진술이 들어있는 맥락을 고려해보자. "이들을 혼합한 어떤 정체가 있다est aliquid regimen ex istis commixtum." 왜냐하면 비록 이 문장이 명백하게 토마스 아퀴나스 고유의 관점을 가장 명시적으로 포함하고 있는 답변들respondeos의 일부분일지라도, 그것이 주된 논거는 아니기 때문이다. 이 문장은 인정법人定法(human laws)의 '구분division' 또는 '분류classification'로 지칭할 만한 것에 관한 논의와 연계되어 있다.[42] 이 소문小問에서 토마스는 세비야의 이시도르Isidore of Seville의 제안, 즉 만민법the law of nations은 모든 국가에 공통된 것이므로 '자연법'임에도 불구하고 그것을 인정법에 포함시키는 분류법에 관해 토론한다. 지금 이 문제의 상세한 논거를 더 깊이 탐구할 필요는 없지만, 토마스가 만민법이 자연법에서 유래한다는 것을 제안함으로써 이시도르의 분류법을 '구원'하고 있음은 말해둘 필요가 있다. 만민법은 자연법에서 나오지만, 자연법에 의해서 개별적으로 결정되는 것determinatio particularis이 아니라 원리에서 결론이 나오는 것sicut conclusiones ex principiis처럼 도출된다. 당연하게도 여기서 만민법이란 국가들 사이의 관계를 규율하는 법으로서의 국제법jus inter gentes이 아니라 모든 국가에 공통된 법으로서의 만민법jus gentium으로 이해되고 있다. 국제법은 좀 더 후대에 등장하며 자연법의 개별적 결정determinatio particularis에 의해 참으로 인정법이 된다. 여기서 진정으로 문제되는 것은 토마스가 인정법을 분류하는 여러 가지 방법 가운데 하나로 정체의 형태에 따른 분류법을 제안하고 있다는 사실이다. 이와 관련해 그는 단지 아리스토텔레스의《정치학 Politics》을 참조하면서, 아리스토텔레스의 분류를 일부 재현하고 있을 뿐이다. 하지만 강조점은 여러 종류의 법 및 그와 관련된 관념, 즉 여러 종류의 법의 조합을 통해 법의 진정한 본질에 더 가까워질 수 있다는 점에 놓여 있다. 왜냐하면 토마스는 일찍이 법이란 언제나 공공선을 위한 명령 또는 명령되어야 하는 것[43]이라고 주장했기 때문이다. 법은 인간 행위의 원리인 이성ratio의 표현이다. 여기서 그는 특별히 (아리스토텔레스의)《정치학》의 도입부를 참조하면서 "완전한 공동체란 바로 시민공동체다perfecta enim communitas civitas est"라고 말한다. 아리스토텔레스의 정치학에 대한 주석에서 토마스 아퀴나스는 단순히 아리스토텔레스의 이 유명한 첫 문장을 바꿔 쓰고 있을 뿐이다. 그는 어떠한 비판적 주해도 제시하지 않는다. 그러므로 우리는 토마스가 정치공동체, 즉 시민공동체civitas에 대한 아리스토텔레스의 개념을 채용할 준비가 되어 있다고 정당하게 가정할 수 있다. 이러한 관점들은《군주통치론》의 후반부, 특히 제4권에서 발전된다. 하지만 정치적(헌정적) 정체에 대한 선호는 구약성경에 묘사된 유대인들의 경험에 비추어서도 정립되고 있으며, 그 성패가 인민의 질에 달려 있다는 일반적인 주장도 제시되고 있다. 고대 로마처럼 사람들이 현명하고 덕을 갖춘 곳에서는 헌정적 질서가 선호된다. 그러나 사람들이 완고하고, 우매하거나 타락한 곳에서는 군주정체가 더 성공적이다.[44] 왜 그럴까? 이 질문은 법과 정의의 본질 문제로 우리를 이끈다.

모두가 알듯이, 법철학은 《신학대전》의 가장 중요한 항목들 중 하나다. 아퀴나스는 이전의 아리스토텔레스나 이후의 칸트와 마찬가지로 도덕적, 사회적 질서에서 법의 중심적 역할을 인식했다. 법에 대한 찬사 속에서 그는 비록 보편적인 것은 아니더라도 중세 동안 통치와 사회질서에 관해 광범위하게 받아들여졌던 신념인 '법의 탁월함pre-eminence of law'에 대한 확신을 표현했다. 아퀴나스와 그의 시대는 사회질서를 우주 질서와의 유비 속에서 이해했다. 아니면 그것을 우주 질서의 거울이자 증표symbolon로 보았다고도 할 수 있다. 왜냐하면 세계 전체에 본질적으로 신적 창조자가 정상적인 기능 발휘를 보증하기 위해 만든 법으로 질서가 지워진 것으로 믿어졌기 때문이다.[45]

당시 법은 경험에 비추어 변화하는 것이면서도, 주어진 그리고 확정된 무엇이었다. 법을 발견된 것이 아니라 만들어진 것으로 생각하는 것은 일반적으로 바람직하지 못하다고 여겨졌다. 입법은 신법이건, 자연법이건, 로마법이건, 관습법이건 간에 선재하는 법을 명확하게 설명하는 기능을 주로 가졌다.[46] 인정법이 다양한 형태로 고차법을 보완하는 것, 특히 개별적 결정determinatio particularis에 의해 자연법을 보완하는 것은 일반적으로 인식되었다(인정법의 분류 문제는 이미 앞에서 살핀 바 있다). 그와 같은 개별적 결정은 사건의 판결이나 규칙의 공포라는 형식을 취할 수 있으며, 어떤 형식이든 법은 개별적 결정의 특성을 가지게 된다. 하지만 여기서 '법law'이라는 영어 단어의 다의성多義性 때문에 표현하기 어려운 복잡한 문제가 발생한다. 토마스 아퀴나스는 물론이려니와 사실 대부분의 유럽 법철학에서는 'jus'와 'lex' 사이의 구분이 이루어지고 있다. Jus가 정당한 법이라는 의미에서의 법인 반면, lex는 다음의 네 가지 특징을 가지며, 이들은 유명한 법의 정의를 구성한다. Lex는 "공공선을 위한 어떠한 이성의 명령으로, 공동체를 돌보는 자에 의해 공포된 것에 다름 아니다nihil alium quam quaedam rationis ordinatio ad bonum commune, ab eo qui curam communitatis habet, promulgata".[47] 말하자면, 법이란 공동체를 돌보는 사람에 의해 공포된 공공선을 향한 이성의 명령이라는 것이다. 따라서 lex의 세 가지 주요한 특징은 이성rationality, 공적 목적public purpose, 그리고 공표성publicity인 셈이다. 이 세 본질에 관한 토마스의 고심은 그가 확고한 이성주의자임을 보여준다.[48] 그렇지만 인정법human law과 신정법divine law을 말할 때는 공표성이라는 핵심이 엄격하게 적용되는 반면, 영구법eternal law, 즉 세계의 통치를 위한 신에게 존재하는 최고의 이성summa ratio in Deo existens은 명백하게 알려져 있지 않다는 사실에서 어려움이 생긴다. 비록 영구법의 일부는 참여와 그 자체의 '방사radiation'에 의해 인식될 수도 있지만, 영구법의 본질 그 자체[49]는 누구도 알 수 없다. 그것이야말로 진정으로 진리에 대한 지식 그 자체를 구성한다. 다시 말해 인간의 지성에서 제거될 수 없는 가장 공통적인 계율에 관한 한 자연법the lex naturae은 모든 인류에게 알려진 것인 반면,[50] 그로부터 파생되는 계율들은 전제에서 결론이 나오는 것과 마찬가지로, 때로는 많은 사람들에게 알려지지 않은 채로 남아 있다는 것이다. 이러한 법들leges은 여전히 기본적으로는 인간의 존재와 관련해 알려지기도 하고, 알려질 수도 있는 것이며, 영구법, 신법 그리고 자연법에 관한 한, 신이 이러한 공표성을 목도해왔다. 신은 인간 공동체를 더 고차적 의미에서 돌보고 있는 것이다.

이처럼 법의 '명령'적 측면을 최소화하는 전면적 합당성 reasonableness은 필연적으로 독재적 질서보다는 헌정적 질서로 연결된다. 법의 영향을 받는 사람들의 동의가 이미 확보된 것으로 여겨질 수 있는 까닭에 어떠한 독재적 질서도 필요 없게 되기 때문이다. 성 토마스의 일부 저작, 특히《군주통치론》에서 나타나듯, 신과 통치자 사이의 상징적 유사성이 유지되는 경우에도, 그러한 통치자는 신과 마찬가지로 일반적 컨센서스의 기초를 제공하는 자연에 내재하는 법에 맞도록 행동하게 될 것이다. 그러나 이런 결론을 보강하기 위해서는, 이 천사 박사도 그러했듯이, 정의의 문제를 더 천착하는 것이 중요하다. 오직 그와 같은 천착을 통해서만 자연법 및 그것과 인정법의 관계, 특히 기본적 헌법과의 관계라는 핵심 문제가 충분히 조명될 수 있기 때문이다.

정의에 대한 가장 광범위하고 명시적인 토마스 아퀴나스의 서술은 《신학대전》(II. ii. 58~61)과 《아리스토텔레스의 윤리학에 대한 주석the Commentary on Aristotle's Ethics》 제5권[51]에 나온다. 하지만 이 서술들은 반드시 신적 정의에 관한 토론(I. i. 21)에 의해 보완되어야 한다. 처음에 토마스는 신에게 정의가 존재하는지에 관한 문제에 마주친다(21.1). 이에 대해 그는 아리스토텔레스로부터 도출된 교환적 정의justitia commutativa[52]와 배분적 정의justitia distributiva의 구분을 가지고 답변한다. 오로지 후자만이 신에 속한다는 것이다. 이 정의는 자연적인 사물들과 의지적인 것들 모두에 나타나는 세계의 질서에서 증명된다. 따라서 신적 정의는 곧 진리다. 결정적인 문장은 다음과 같다. 신적 지혜의 이성, 즉 신법에 일치하도록 사물들을 질서 있게 확립하는 신적 정의는 진리라고 부르는 것이 적합하다.[53] 이처럼 놀라운 교의 속에서 진리와 정의는 일치하게 된다. 왜냐하면 세계에 편만한 신적 이성은 신적 은총misericordia으로 신적 정의가 완화된다는 관념에 의해 실행되기 때문이다. 그러한 은총은 신으로 하여금 사람들의 불행을 제거하게 하며, 따라서 신의 모든 행위는 정의로운 동시에 은혜로운 것이 된다.[54] 따라서 진정한 덕성인 인간의 정의 역시 은총과 긍휼, 그리고 동감에 의해 부드럽게 되어야만 한다.

교환적이건 배분적이건 정의는 다른 사람을 향해 영향을 미치는 덕성이다. 덕성으로서 정의의 특징habitus은 항구적이고 영속적인 의지를 가지고 모든 사람에게 정당한 몫 또는 권리를 준다는 점이다.[55] 이처럼 거친 문어文語적 번역을 제공하는 것이 불가피한데, 그 이유는 토마스 자신이 커다란 중요성을 부여하고 공들여 소개하는《로마법대전Corpus Juris》의 친숙한 정의定義가 정의正義를 단순히 모든 사람에게 정당한 권리를 주는 항구적이고 영속적인 의지로 묘사했기 때문이다. 우리는 여기서 덕성을 성품habitus, 즉 선행의 근원principium으로 이해하는 토마스의 교의에 더 깊이 들어갈 수는 없다. 아무리 안정되고 견실한stabilis et firmus 행위라고 할지라도 오로지 자발적 행위들만이 덕스러울 수 있다. 다시 말해 그저 지나가는 분위기의 표현으로는 덕성을 가질 수 없다는 것이다. 그렇기 때문에 정의로운 행위들은 충분한 지식을 가지고sciens, 숙고를 거쳐eligens, 또한 확신 있게 이루어져야만 한다. 이처럼 정의를 덕성으로 특징짓는 것은 명백하게 특정한 종류의 인간상, 즉 지배하거나 지배에 참여할 뿐 아니라 지배받을 수도 있는 인간상을 묘사하는 데 기여한다. 그러므로 우리는 아퀴나스가 정의를 오로지 군주에게 귀속시키려는 사람들과 논쟁을 벌였다는 점에 놀랄 필요가 없다. 확실히 재판관은 살아 있는 정의justum animatum고, 군주는 정의로운 것의 수호자이며, 아리스토텔레스가 보여준 것처럼, 신민들 또한 이 과정에 참여하는 것이다. "신민은 각자에게 속한 몫을 실행의 방식으로 부여한다subditi reddunt quod suum est unicuique per modum executionis(II. ii. 58.1. RA5)." 정의는 사람들로 하여금 자기 동료를 생각하게 만드는 덕성으로서 다른 모든 덕성들과 마찬가지로 이성법칙regula rationis의 표현이다. 이 정의라는 덕성은 일반적일 수도 있고 특수적일 수도 있다. 여기서 특수적인 정의는 특정한 이익이나 권리를 관점으로 가지는 것이고, 일반적인 정의는 공동선 또는 일반적인 이익(권리)에 연관되는 것이다. 이 중에 우리가 주목하는 것은 일반적인 정의이며, 그로 인해 다른 덕성들에서 나온 모든 행위가 정의에 관련될 수 있게 된다. 왜냐하면 그 행위들은 모두 공동선 또는 공공의 이익에 공헌하는 것이기 때문이다(II. ii. 58.5).

바로 이 지점에서 법과의 연결고리가 만들어진다. 이 천사박사는 이제 공동선을 질서화하는 것이 법에 속하기 때문에 이 일반적 정의를 법적 정의로 부르는 것도 적절하다고 제안하는 셈이다. 그러한 일반적인 정의에 의해서라면 누구든 여러 가지 덕성들에서 나온 행위들을 법에 따른 것이라고 분명하게 말할 수 있을 것이다. 그러나 주지하듯 법적 정의는 사람이 다른 사람들과 맺는 관계 중 외적 행위만을 규율한다. 이러한 행위에서 비례성은 결정적인 중요성을 갖는다. 왜냐하면 평등한 대우는 비례성에 의존하기 때문이다.[56] 정치적 질서 역시 그 자체의 이익이 어떤 개인의 이익보다 우월하다는 점에서는 마찬가지다. 그렇지만 여기서 강조점은 개개인unius personae에 있다. 이웃으로서 개개인의 중요성은 일반적이거나 법적인 정의만이 아니라 특수한 정의도 덕성들 가운데 매우 중요하다는 사실에서 뚜렷해진다. 정의는 사람의 '합리적인 욕구' 또는 의지, 즉 사람의 고상한 부분에서 솟아나므로 주관적이며, 동시에 덕스러운 사람 자신만이 아니라 다른 사람들까지 그의 선으로 인해 혜택을 얻게 되므로 객관적이다.[57] 그러나 토마스 아퀴나스에게 일반적인 정의 또는 법적인 정의, 즉 법에 따른 정의는 덕성의 진수眞髓다. 나중에 칸트에게 그러했듯이, 아퀴나스에게도 법적 정의는 명령과 덕의 윤리 사이의 중재자로 나타난다.[58] 하지만 이상과 같은 외관상의 실증주의는 '불법적인' 법에 관한 아퀴나스의 교의에 의해 무효가 된다. 이 교의는 (키케로까지 추급할 수 있는 것으로서) 자연법에 위배되는 법은 부패이며 따라서 "진정한" 법이 아니라는 것이다. 이 점에 관해서 토마스가 순환논법을 사용했다며 비난받을 수도 있을 것이다. 법에 따를 때

정의는 일반적이어야 한다고 해놓고서, 정의(자연법)와의 관계에서 법은 오로지 척도로만 고려되어야 한다고 하고 있기 때문이다. 이것이 실제로 사악한 순환논증이 아니라는 점을 알기 위해서는 자연법에 관한 아퀴나스의 교의를 더 탐구해 보아야 한다. 그러나 이러한 일반적인 주제로 결론을 내리기 전에, 우리는 정의의 '계율들'에 관련해 아퀴나스의 생각을 더 들어봐야 할 필요가 있다.

아퀴나스에게 정의의 계율(II. ii. 122)은 십계명의 명령이다. 십계명은 자연법과 직접적으로 연계되어 있다. 자연적 이성은 십계명에 가장 명백하게 드러나 있기 때문이다. 토마스 아퀴나스가 이 생각을 자세히 발전시키는 방식은 상당히 충격적이다. 그는 첫 세 계명이 종교가 정의의 가장 중요한potissima 부분이라는 사실을 보여준다고 생각한다. 왜냐하면 영혼의 선에서 의지의 선이 첫째가는 구성 요소인 까닭이다(제3장을 보라). 사람들을 선하게 만들고자 하는 법은 반드시 신에게 인도하는ordinatur 종교에 토대fundamentum를 두어야 한다. 진정한 종교의 방해물들은 반드시 제거되어야 하는데, 그 가운데 가장 중요한 것은 사람들이 잘못된 신을 섬기는 일이다. 그와 같은 우상숭배는 반드시 방지되어야 한다. 미신은 또 다른 방해물이며, 따라서 투쟁의 대상이 되어야 한다. 세 번째 계명은 신에 대한 외적인 경배가 공공의 유익을 가진다고 규정한다. 십계명의 계율은 모든 법의 최초이

자 공유된 원칙과 같다. 그리하여 십계명의 목록을 통해 각각이 어떻게 기본적인 법적 원리와 같은지를 보여주고, 각각이 어떻게 모든 사람에게 각자의 정당한 몫을 주는지를 보여주는 식으로 분석이 진행된다. 처음 세 계명은 신에 대한 것이고, 네 번째 계명은 부모에 대한 것이다. 그렇다면, 이 계율들이나 성경 안에 제시된 유사한 규범들은 신법神法을 구성하는 것이다. 후커가 말한 것처럼 신법은 "그들[인간]을 구속하는 [영구법의] 부분으로서 오로지 신의 특별한 계시에 의해서 알려진다".[59]

이와 대조적으로 자연법은 신이 인간에게 주입한 이성의 빛에 의해 모든 인간에게 알려진다. 아니, 자연법의 기본적 원리들은 그렇게 알려지지만, 그 파생 원리들은 알려질 수도 있고 알려지지 않을 수도 있다. 이 실천이성의 으뜸 되는 기본 원칙은 선을 아는 것이다ratio boni. "선은 모든 것들이 추구하는 것이다Bonum est quod omnia appetunt"라고, 토마스는 명쾌하게 선언한다. 그러므로 자연의 법에 대한 첫 번째 계율은 선을 행하고 악을 피하라는 것이다. 이러한 언명이 동어반복이라는 점은 자명하다. 현대의 어법에서 선은 넓은 의미의 가치와 이익으로 취급되며, 모든 사람이 선을 지향한다고 해도, 분명 모든 사람이 반드시 그래야만 한다고 주장할 수는 없다. [그러나 토마스에게는] 사실적인 것과 규범적인 것이 일치한다. 토마스는 이러한 동어반복을 더욱 정교하게 만드는데, 이 과정에서 그는 인간의 이성이 자신의 자연적 성향이 지향하는 사물들을 선으로 이해하고, 그리하여 결과적으로 그 사물들을 행위를 통해 추구해야 할 대상으로 이해하게 된다는 관찰을 내세운다.[60] 하지만 그 이후 그는 그와 같은 자연적 성향의 실체적 내용 쪽으로 방향을 바꾸어 세 가지 계율을 제시한다. (1) 자기보존self preservation, (2) 남녀의 결합 및 새끼의 양육, 즉 종족의 보존, (3) 신에 대한 진리를 추구하고, 다른 사람들과 함께 사회 속에서 살아가는 것.

이와 같은 교의는 인간에 대한, 그리고 덕성과 자기발전을 향한 인간의 역량에 대한 뿌리 깊은 믿음을 체화한 것이다. 이성적인 영혼은 삶의 적절한 방식이며, 모든 인간(그야말로 모든 인간!)은 이성에 따라 행위 하려는 자연적인 성향을 가지고 있다.[61] 이것의 의미는 모든 사람이 덕에 따라 행위를 하려 하고, 모든 덕스러운 행위는 자연의 법으로부터 나온다는 것이다. 그러나 덕스러운 행위의 관점에서 검토하자면, 자연적인 본성이 사람들로 하여금 덕성을 지향하도록 만들지 못했기 때문에 여전히 덕성이 필요한 행위들이 많다. 자신의 본성을 향상하기 위해 사람은 자연의 법을 체화한 이성의 도움을 받아 자신의 욕망을 극복해야 한다.

이러한 계율들은 보편적인가? 단 하나의 정의로운 자연법이 존재하는가? 토마스는, 비록 구체적인 운용 과정에서는 특수한 명령에 관련되는 동일한 진리나 실천적인 정확성이 존재하지 않지만, 그럼에도 모든 사람에 대해 공통적인 단 하나의 기본법이 있다고 믿는다. 필연을 다루는 추상적이고 사변적인 생각들에서처럼 공통적인 관념들commune conceptiones이 공통적인 결론들로 인도하는 것은 아니다. 우연이 개입해 변이들을 낳는다. 또한 동일한 가치를 가진 사람들이 반드시 동등한 지식을 가지는 것도 아니다. 따라서 토마스가 되풀이하듯, 사변이성과 실천이성의 공통 원칙들에 관한 한 동일한 진리와 올바름rectitudo이 존재하며 동등하게 확인될 수 있음은 명백하다. 그러나 실천이성의 특수한 결론에 관해서도, 모든 사람에게 동일한 진리와 올바름이 존재하는 것은 아니며 동등하게 알려지는 것도 아니다. 아퀴나스는 자연의 법의 공통된 주요 원리들은 모든 사람에게 동일하다고 결론 짓는다.

이러한 교의에 비추어 아퀴나스가 자연의 법은 바뀔 수 있다는 견해를 피력하는 것은 놀랄 일이 아니다. 신법과 자연법에 의해 산출되는 각종 부가 요소에 의해 자연의 법은 바뀔 수도 있다. 하지만 이는 특수화를 통해 얻은 개별적인 원리들이 때때로 바뀔 수 있다는 의미지, 자연법의 기본적 원리들에서 일부를 제외하는 방식으로 변화한다는 말은 아니다. 왜냐하면 모든 사람에게 알려진 자연의 법의 기본적 원리들은 인간의 마음에서 결코 지워질 수 없기 때문이다.[62] 여기서 천사 박사가 합리적인 자기 관리와 자기 통제에 관한 인간의 역량에 대해 변치 않는 믿음을 표명하고 있다는 점은 충격적인 동시에 결정적인 중요성을 가진다. 이 주제에 대해 우리는 이제 결론의 방향으로 돌아가야만 한다.

사람은 자연법의 일반 원리들에 드러난 기본적 진리를 알 수 있으며, 신법과 인정법人定法에 복종함으로써 정의의 척도를 확보할 수 있다. 이때 신법과 인정법은 이성이 인간에게 올바르고rectitudo 진실되라고 가르치는 것과 상충하지 않는다. 그와 같은 법적 정의는 모든 사람의 역량 안에 있으므로, 귀족정은 전혀 필요 없기 때문이다. 일인一人의 지배는 특히 (미국 대통령처럼) 선출직이라면 바람직하지만, 그러한 정부의 역할 수행에는 확실한 법적 질서가 뒷받침되어야만 한다. 이상과 같은 증거에 더해, 우리는《신학대전》의 사법적司法的 계율을 논의하는 대목에서 대단히 중요한 구절을 발견한다(II. i. 105.1). 여기서 토마스는 사법적 결정에 대해 통치자가 종속되는 문제를 논한다. 그는 민중적 질서의 아름다움 pulchritudo ordinationis populi은 좋은 헌법principes bene instituti 에 달려 있다고 지적한다. 여기서 통치자의 직무를 잘 조직 하려면 두 가지 점을 반드시 주목해야 한다. 하나는 모든 구성원이 통치에 참여해야 한다는 것이다. 왜냐하면 이를 통해 사람들 사이의 평화가 보전되며 모든 구성원이 질서를 사랑하고 지키게 되기 때문이다. 아리스토텔레스를 인용하면서 다시 한번 군주정과 귀족정을 언급한 후, 아퀴나스는 민중적 선거와 군주정 및 귀족정을 혼합하는 것이 최선이라고 주장한다. 여기 그 대목을 보자.

"이러하므로 최선의 정체는 다음의 제대로 된 혼합형태를 구성하는 것이다. 일인의 통치인 군주정, 자질을 갖춘 여러 사람이 통치하는 귀족정, 그리고 권력자인 인민이 통치자들을 그들 가운데서 선출하고 따라서 통치자들의 선거권이 인민에게 속하는 민주정."

아퀴나스는 그와 같은 지배가 신법에 의해 제도화되었다고 주장함으로써 그의 논증을 더욱 강화한다. 모세는 통치자였고, 일흔두 명의 장로들이 그와 함께 있었으나, 그 장로들은 인민에 의해 인민으로부터 선출되었다. 따라서 법이 정하는 정치질서ordinatio principum가 최선이라고 그는 결론짓는다.[63]

사적 영역의 보호 수단을 제공하는 권력들의 분립 체제로서 '헌정적' 정부를 명확히 지지하는 토마스 아퀴나스의 입장은 자신이 속했던 수도회에서 이루어졌던 아퀴나스의 활동에 관해 우리가 알고 있는 바에 의해서 확실히 증명된다. 이 점에 관해서는 그동안 설득력 있는 주장이 제시되어왔다. 수도회는 비록 명백하게 비정치적인 목적을 가지고는 있지만, 다른 조직된 집단과 마찬가지로 일종의 '정치적' 질서를 형성한다. 도미니칸 수도회는 아퀴나스의 삶 대부분에 걸쳐 그가 행한 작업의 '제도적 환경'이었다. 최근 영국의 한 학자는 문제의 이와 같은 측면을 비교적 잘 묘사했다.

"성 토마스가 기대를 걸었던 것이 정부의 가장 건강한 형태였다는 점에 관한 증거는 그가 속했던 수도회라는 집단의 조직 방식이다. 그는 학사행정으로 유명했으며, 입법기구와 각종 위원회의 구성원이었다."

이 학자는 이어서 도미니칸 수도회의 스페인적 배경과 지역적 푸에로스fueros(자치법들), 그리고 자치공동체들에 관해 언급한다. 그에 따르면 이 자치공동체들은 "유럽에서 헌정적 자유의 육아실"이었다.[64] 그는 시몽 드 몽포르도 이러한 생각들에 영향을 받았을지 모른다는 다소 추정에 가까운 연상과 함께, "도미니칸 수도회는 서유럽의 길드들과 단체들, 의회들, 그리고 대학들과 함께 성장했고, 자유도시와 국민국가에서 가장 성공적으로 번영했다…"고 덧붙인다.[65] 도미니칸 수도회의 부원장은, 주교와 비교할 때, '정치 체제'의 일부분이었다. 왜냐하면 도미니칸 수도회의 '유권자들'은 통치자들을 선택했을 뿐만 아니라 일정한 시간 간격을 두고 그 통치자들의 성과를 검증하고 시행 결과에 대해 책임을 추궁하기도 했기 때문이다.[66] 요컨대 토마스 아퀴나스는 자신이 속한 수도회에 적극적으로 참여함으로써 하나의 협력적인 공동체가 어떻게 기능할 수 있는지, 그리고 그 공동체가 참여만이 아니라 독립에 관한 개인적 자유의 범위를 어떻게 제공할 수 있는지를 알고 있었다는 것이다.

그러므로 후일《군주통치론》이라는 책에서 루카의 프톨레미가 아퀴나스를 헌정주의의 신봉자로 그렸던 것은 엄격하게 군주제적인 관점을 아퀴나스의 (그리고 그가 전형적으로 대표하는 중세적 전통의) 탓으로 돌리는 사람들이 줄곧 있었던 것만큼이나 놀랄 일이 아니다. 실제로 프톨레미가 어떻게 로마인들이 효과적인 헌정질서를 유지할 수 있었는가에 관해 심사숙고하는 인상적인 구절은 흔히 생각되는 것처럼 아퀴나스와 멀리 떨어져 있지 않다. 프톨레미는 로마 헌정주의의 생명력을 세 가지 요인에 돌렸다. 이들 가운데 애국심amor patriae이 으뜸이지만, 정의에 대한 열성zelus justitiae과 시민적 자비심에 관한 열성zelus benevolentiae 또한 마찬가지로 결정적이다. 그다음에 그는 그와 같은 조국에 대한 사랑이 기독교 신앙에 대응하는 것이라는 놀라운 관찰을 내놓는다. 왜일까? 그것은 공동선, 즉 공공이익에 대한 깊은 관심으로 이어지기 때문이다.[67]

이와 같은 성찰은 파두아의 마르실리우스와 그 추종자들의 세속적-반교권주의적 '헌정주의'로 이어지는 가교를 마련한다. 우리의 논제가 연관된 범위에서, 마르실리우스의 사상은 아리스토텔레스, 폴리비우스, 그리고 키케로의 이론들에서 영감을 받았다. 세속적인 일들에 관해 교회정체의 참여를 배제하기로 결정하면서, 그는 '최선'의 정부에 효과적으로 참여하여 시민들이 자유와 정의를 성취한다는 그리스-로마적 관념으로 되돌아간다. 마르실리우스의 이러한 관점이 시뇨리아signoria[68] 또는 독재정치로 변모하기 직전이었던 자신의 본거지(파두아)의 정치질서에서 영감을 얻은 것이라는 점은 오랫동안 인식되었다. 그는 이 시뇨리아를 섬겼다가 후에는 바이에른의 루트비히 4세 황제를 섬기기도 한 까닭에, 뒷날의 마키아벨리처럼 기회주의자가 아니냐는 의심을 받았다. 그러나《평화의 수호자Defensor Pacis》(1326)를 주의 깊게 읽어보면, 그가 헌정주의가 아니라 국가의 통일과 안전이라는 선입견에 사로잡혀 있음을 분명히 알 수 있다. 정치질서의 존립이야말로 가장 중요한 고려사항이었다. 이 때문에 그에게 있어서 정의는 더 이상 정치질서를 평가하는 초월적 기준이 아니었고, 도리어 "인간 공동체의 소산이자 파생물"이었던 것이다.[69] 중세의 지배적 관점으로부터 이처럼 과격하게 이탈하는 것은, 교회를 (그리고 물론 모든 소규모 단체들을) 시민들의 의회 또는 적어도 그들의 더 강력하거나val-entior 더 건강하고 더 나은 부분sanior and melior pars[70]에 의해 대표되는 정치공동체(키비타스)의 입법자에 복종시키려는 마르실리우스의 욕망에 의해 고무된 것이다. 그러나 여기에는 더욱 광범위한 철학적 기초도 관련된다. 왜냐하면 마르실리우스는 정치적 인간을 일차적으로 육체적인 안전과 평온을 추구하면서, 강제질서 아래 놓이지 않는 한 싸움을 일삼는 생물학적 존재로 보고 있기 때문이다. 어떤 의미에서 그는 신적 공동체(키비타스 데이, 神國)의 초월정치적 대응물을 제공하지 않으면서 인간과 정치에 대한 아우구스티누스의 비관주의로 되돌아간다. 따라서 정치적 인간은 필요에 기초해 정치질서를 구성하며, 완전히 통일된 정부를 가진 이 정치질서는 강고한 강제적coactiva 명령 속에 표현된다. 회중會衆인 동시에 그 자체가 하나의 정치질서였던 그리스-로마의 정치공동체(키비타스)로 돌아가서 마르실리우스는 정부를 키비타스의 '다스리는 부분pars principans'으로 만들고, 이 다스리는 부분 또는 집단을 입법자들, 즉 제헌의회와 입법의회 모두를 구성하는 인민에게 복종시킨다. 이는 페리클레스의 아테네로 인해 친숙한 급진적 민주주의의 유형이다. 아테네와 파두아 모두가 경험했듯이, 이러한 급진적 민주주의는 본래 폭군정으로 전락하는 경향이 있다. 그와 같은 폭군정은, 심지어 그 중세적 형태조차도, 서구의 헌정주의는 고사하고 아리스토텔레스적 폴리테이아의 특수한 의미에서도, 결코 헌정주의적이라고 볼 수 없다. 오히려 마르실리우스는 루소의 선구자였는데, 왜냐하면 이 두 사람은 모두 특정한 정치질서 속에서 무엇이 옳은가를 결정하는 관건으로서 의지를 강조했기 때문이다.[71] 이런 까닭에 법은 유일하고 분리할 수 없으며, 어떠한 규범에 의해서도 제약되지 않는 '주권자'의 명령이 된다. 다만 여기서 주권자 자신이 법을 국가, 즉 공화국의 생존과 안정(평정)에 이바지한다고 생각하는 범위만큼은 예외다. 국가에 한계를 부여하고 국가에 맞서는 사람들을 보호하는 초월적 정의의 관념이 일찍이 급진적으로 포기되었다는 점을 부각하기 위해 이 희소한 예외적 언급들을 활용해보자. 이 언급들에서는 중세의 헌정주의가 터 잡은바, 교회가 수호하는 고차적 규범에 대한 인식이 서구 문명의 특징을 구성하는 토대라는 사실이 주요 논점으로 거론된다.[72] 참으로 이상한 것은 마르실리우스의 교의가 교회를 '헌정화constitutionalize'하려는 공의회 운동Conciliar movement에 주된 원천이 되었다는 점이다. 그러나 아마도 이 설명은 공의회 운동의 궁극적인 실패에 대해서도 타당할 것인데, 그 이유는 공의회 운동이 급진적이고 무제한적인 민주주의를 지향하는 무정부주의적 색조를 가지고 있었기 때문이다.[73]

마르실리우스의 교의는 윌리엄 오컴에게 영감을 받은 것이라는 주장이 종종 제기되어왔다. 하지만 이 주장은 양자의 밀접한 관계를 인정할 수 있음에도 불구하고 적극적인 증거 없이 부인되고는 했다.[74] 양자는 〈우남 상탐Unam Sanctam〉(1302)[75]에서 축약적으로 나타났던, 교회의 가식에 저항하면서 정부의 세속적인 부분을 강화하려는 당시에 광범위하게 존재했던 욕망을 공유한다. 그러나 마르실리우스가 일차적으로 정치적 저자였던 것에 비해 오컴은 놀라운 깊이와 섬세함을 갖춘 철학자였다. 정의에 대한 오컴의 관념은 정치적 경험과 관찰에서 나온 것이 아니었으며, 차라리 토마스 아퀴나스 및 앞선 시기의 '실재론realism'에 반대하여 발전된 '유명론nominalism'이라는 철학 일반이론의 핵심 부분을 형성하는 것이었다.[76]

마르실리우스와 달리 정의에 대한 오컴의 관점은 그의 신 관념에 뿌리를 박고 있으며, 따라서 참으로 근본적인 의미에서 초월적이다. "신이 무언가에 의욕을 가진다는 바로 그 사실에 의해 그 무언가는 정의롭게 된다. …."[77] 그러나 그는 심지어 한 걸음 더 나아가 올바른 이성은 (신적 의지에 의해) 의도된 것이라고 주장하기까지 한다. 이와 같이 신적 정의와 인간적 정의 모두의 원천으로서 의지를 급진적으로 강조하는 까닭은 인간의 지식에 대해 오컴이 회의적인 관점을 가지고 있을 뿐만 아니라 무엇이 법인지를 아는 것에 관해서도 인간이 결과적으로 무능력함을 그가 인정하기 때문이다. 그러므로 "이 법적 회의주의는 인간 이성의 무기력 및 임시적 세계 내부의 신적 자의성에 공히 토대를 두고 있다". 정의는 심지어 성 아우구스티누스의 경우보다도 더 엄격하게 신학적인 범주가 된다. 이성에서 근본적으로 분리되고 권위적 원천에 의해 계시된 믿음만이 정의의 의미를 암시할 수 있고, 따라서 "상위법 또는 (위에서 정의된) 이성에 대해 공개적으로 모순되는 법은 있을 수 없다. 신법 또는 명백한 이성에 반대되는 시민법은 그것이 무엇이든 법이 아니다".[78] 이와 같은 관점은 마르실리우스의 세속주의로부터 멀리 떨어진 만큼이나 토마스 아퀴나스가 제시한 온건하고 중도적인 초월주의에서도 멀리 떨어져 있다. 이 사실은 본 장에서 우리의 논지에도 부합한다. 왜냐하면 그것은 정의에 대한 초월적 관념들 중 오로지 권력분립의 헌정적 질서를 요청하는 관념들만이 중세의 헌정적 정치질서의 패러다임에 해당함을 드러내기 때문이다.

오직 그와 같은 관념만이 신이 세계를 통치하는 영구법의 표현인 신법과 자연법이 진정으로 헌정적 정부를 배태한다는 결론을 이끌어낼 수 있다. 그러한 헌정적 정부는 합리적이고 목적적이며, 그리하여 자신들을 대표해 말할 사람들을 선출해 법을 만드는 과정에 효과적으로 참여할 능력이 있는 사람들이 가지는 굳건한 신앙에 의존한다. 사람 속에 모사된 신적 역량인 정의에 대한 초월적 믿음은 이 중세적 헌정주의의 원천이다. 토마스는 실제로 작동하는 '신분 계급들estates'로 사회를 구성하려는 시도의 가장 위대한 대변자였으며, 그와 같은 시도는 인정법을 합당하게 만들려는 이 지난한 과업, 즉 모든 인간을 위해 그리스도가 옹호했던 인간의 존엄성을 가치 있게 만들려는 작업 속에서 얼마간 성공의 전망을

확보할 수도 있었을 것이다.[79]

제3장

프로테스탄트 헌정주의

프로테스탄트들, 특히 루터는 아우구스티누스적인 관념인 두 왕국에 대한 강조로 돌아가는 것을 강조한 까닭에 처음에는 헌정주의의 문제에 상대적으로 무관심했다. 초월에 대한 프로테스탄트들의 정력적인 재강조에도 불구하고, 또는 바로 그 이유 때문에, 정의는 획득할 수 없는 이상으로 나타났다. 실천적 측면에서 제후들의 지지가 필요했던 사정은 루터의 저작들을 《위에 있는 권세에게 어떻게 복종해야 하는가》와 같이 정부의 권위주의적 측면이나 복종Obrigkeit 또는 권세에 대한 강한 강조로 이끌기도 했다. 그러나 이러한 사고방식은 프로테스탄트의 도전에 굴복할 뜻이 없는 황제에 대항해 신앙을 수호해야 할 필요를 더욱 명확하게 느끼게 되면서 차츰 변화했다.[80] 칼뱅 역시 기본적인 감정에서는 심지어 루터보다 더욱 권위적이었음에도 불구하고, 종교혁명에 적대적인 통치자들에 대해 모종의 저항권이 존재함을 인식하지 않을 수 없었다. 법률가였던 그는 통치자를 억제하기 위한 헌정적 수단들이 존재할 수 있다는 점을 강조했다.《기독교 강요》의 유명한 구절에서 그는 종교적 양심에 기초한 것을 제외하고 "사적 개인들"의 모든 저항을 비난한 뒤, 그와 같은 권리를 제안했다.

"스파르타인들 가운데 왕에게 반대했던 민선 장관들이나, 로마인들 가운데 집정관들에 대한 인민의 호민관들, 또는 아테네인들 가운데 원로원에 대한 행정장관들처럼 군주들의 폭정을 억제하기 위해 인민의 행정장관이 임명되었을 때를 생각해보라. 각 왕국에서 세 신분이 의회(삼부회)로 모였을 때, 그들에 의해 행사되는 권력 속에는 아마도 앞선 예들과 유사한 무언가가 존재했을 것이다. 왕들의 과도한 자유를 견제하기 위해 나는 이러한 권한들을 결코 공식적으로 금지하지 않는다. 만약 왕이 폭정을 일삼고 서민을 모욕할 때, 앞의 관리들이 이를 눈감아 준다면, 그들의 이러한 위선은 사악한 배반 행위가 아닐 수 없다고 나는 단언한다. 왜냐하면 그들은 자신들이 하나님의 명령에 따라 인민의 보호자들로 임명받았다는 사실을 알면서도 인민의 자유를 부정하게 배반한 것이기 때문이다."[81]

칼뱅의 몇 개 되지 않는 이 문장들이 중요한 까닭은 칼뱅주의자들에게 미치는 영향 때문이다. 즉 그 문장들은 칼뱅주의자들이 동정적이지 않은 통치자들에 대항해 스스로를 보호해야 하는 문제에 부딪혔을 때, 자신들의 저항을 정당화할 수 있는 특수한 헌정적 규칙들을 찾아내도록 재촉한다는 것이다.《기독교 강요》의 이 구절은 '폭군방벌론자들'로 알려진 집단의 저작들로 이어졌으며, 그 속에서 효과적인 저항을 위한 호소의 기반이 되는 적극적인 법적 규정들이 만들어졌다.[82] 이러한 접근 방식의 두드러지는 대표자들은 조지 뷰캐넌과 프랑수와 오트망이다. 오트망은《프랑코갈리아Franco-Gallia》(1574)에서 "우리의 모든 악에 대한 단 하나의 진정한 해결책은 선조들의 방식으로 돌아가는 것임을 확신하게 되었다"고 말하면서[83], "옛 프랑스와 독일의 역사가들이 말하는, 1000년 동안 존재했던 상태"를 다시 건설하자고 제안했다. 이와 비슷하게 뷰캐넌도《스코틀랜드의 왕권에 대하여 De Jure Regni Apud Scotos》(1579)에서 자신이 오래된 질서라고 믿었던, 실제로는 현대의 헌정적 체제에 해당하는 질서를 재건하는 작업에 착수했다. 이들을 비롯한 여러 칼뱅주의자들은, 대부분 예수회파로서 비슷하게 다시금 중세적 헌정주의를 경청한 가톨릭 폭군방벌론자들과 서로에게 호적수가 되었다. 이 마리아의 자녀들(예수회파) 가운데 특히 흥미로운 것은 이들이 스페인 사람들로서 신분 계급의 역할을 강조했다는 점이다. 뷰캐넌이나 오트망과 마찬가지로 이들은 역사에 몰두해 자신들의 주장을 뒷받침하는 많은 근거를 확보했다.

그러나 이러한 대륙의 목소리들은 결국 절대주의의 승리와 함께 절멸되는 운명에 처하고 말았다. 오로지 스웨덴과 폴란드에서만 그 흐름에 호의적인 제도적 발전이 있었을 뿐이다.

영국에서는 발전의 경로가 매우 달랐다. 여기서는 중세적 헌정주의가 근대 헌법의 대들보로 변형되었다. 이미 언급했듯이, 존 포테스큐 경은 토마스 아퀴나스를 명시적으로 인용하면서 제왕적 지배와 정치적 지배의 구분을 채용하여 적용했다. 물론 그의 생각은 철학적이고 신학적인 배경의 탐색 과정이 아니라 법률가-정치인의 구체적인 특수한 용어들 속에서 발전된 것이긴 하다. 아마도 포테스큐의 정의는 교회가 정의라고 말한 것이었을 테고, 적법성에 대한 아퀴나스의 강조는 포테스큐의 목적에 잘 부합했을 것이다. 포테스큐는 법과 정의가 다른 것이라는 사실을 인정할 준비가 충분히 되어 있었다. 하지만 그럼에도 그는 영국 법정의 절차가 유럽 대륙의 시민법 법정에서보다 정의를 이루는 데 더욱 적합하다는 것을 증명하고자 했다.[84] 그는 배심이 증인들보다 더 신뢰할 만한 진리의 발견자라고 생각했으며, 같은 방식으로 의회 또는 '대평의회great council'가 올바른 법규를 고안하는 데 도움이 된다고 믿었다. 그는 로마가 그와 같은 대평의회를 유지할 때는 위대했던 반면, 그렇지 못할 때는 확실히 기울어졌다고 주장했다.[85] 제왕적 지배와 정치적 지배의 구분은 영국의 헌정질서가 그 자체로도 좋고 프랑스의 것보다도 더욱 좋다고 보증하게 한다. 왜냐하면 영국의 헌정질서가 더욱 커다란 정의를 확보해주기 때문이다. 오늘날의 맥락에서 포테스큐의 사상을 더 길게 설명할 이유는 없겠지만, 어쨌든 이는 16세기 후반 영국의 프로테스탄트 사상가들이 맞닥뜨렸던 전통의 깊이를 드러내는 데는 도움이 된다.[86]

이 사상가들 가운데 우리의 현재적 관심에 가장 귀중하고 유익한 인물은 리처드 후커(1553~1600)다. 아리스토텔레스적인 스콜라 철학, 특히 토마스 아퀴나스의 철학과 새로운 프로테스탄트 신학을 화해시키려는 전반적인 관심 속에서, 그는 헌법적인 문제들에만 매몰되지 않고 법의 일반 문제들을 숙고했다. 그의 주된 목적은 엘리자베스 1세의 국교주의를 청교도 비판가들로부터 방어하는 것이었고, 이 방어의 중점은 '교권을 행사하는 정부ecclesiastical polity', 즉 교회정부에 있었다. 바로 이 이유 때문에, 후커는 영국 헌정주의의 쟁점들에 깊이 관련되지 않을 수 없었다. 당시 영국 헌정주의의 구체적인 형태에 관해서는 사려 깊은 해설자인 토마스 스미스 경(1514?~1577)의 간략한 설명은 당대의 정치체제와 통치구조에 대한 상당히 권위 있는 해석으로 받아들여지고 있었다.[87] 스미스 경은 포테스큐를 통해 익숙해진 기본 관념들을 내세우면서도, '의회 안의 국왕King in the Parliament'의 전능성을 강조함으로써 그 관념들을 변형시켰다. 잠시 이러한 기본 관념들을 상기해보자. 스미스는 의회가 인민 전체를 대표할 수 있는 능력을 가진다고 생각했다. 그는 국왕으로부터 가장 낮은 평민에 이르기까지 모든 영국인이 의회에 개인으로서 또는 대표를 통해서 참여한다고 선언했다. 이러한 이유로 의회의 동의는 모든 사람의 동의로 받아들여질 수 있는 것이다.[88] 그는 헌정질서를 강화하는 많은 질자적 세부 사항들을 강조한다. 그러나 의회의 역할에 대한 이러한 강조는 의회주권은 물론이려니와 근대적 의회주의의 의미로도 이해되어서는 안 된다. 그는 국왕을 포함한 의회에 관해서, 헌법이 그 의회에 입법, 재정, 그리고 사법의 최고 권한을 부여하고 있음을 말하는 것이다. 국왕 자신은 거기서 더 나아가 관직 임명, 전쟁, 외교에 관한 권한을 보유한다. 그러므로 우리는 여기서 포테스큐의 주장과는 상당히 다른 측면, 즉 권력의 분립에 대한 인식을 발견한다. 의미심장하게도 스미스는 혼합정체의 이론을 끌어들여 이와 같은 분립을 합리화하는 작업을 진행한다. 그는 법을 만드는 과정으로서, 또 사법적 해석과 구별되는 과정으로서 입법의 독자적 역할을 명확하게 인식한다.[89] 그가 이와 같은 종류의 헌정질서를 신봉한다는 점은 명백하다. 그러나 스미스는 철학적 사변에는 관심이 없어, 자신이 관찰한 사실들로부터 일반적 이론화를 시도하지는 않는다.

진정으로 중요한 지적 작업은 다음 세대인 리처드 후커에 의해 이루어졌다. 그의 작업은 영국 헌정체제의 신학적, 철학적 토대에 관해 스콜라주의적인 탐구를 방불케 할 만큼 매우 인상적이다.[90] 그는 영국 헌정체제의 기본적인 정통성과 그로부터 유래한 국교회 수립의 합법성을 논증하고자 했다. 후커는 법과 입법의 본질에 대한 폭넓은 철학적 탐구를 통해서 이 과업에 접근한다. 그는 토마스 아퀴나스가 탁월하게 확립한 기초 위에 서면서도 그러한 일반이론이 영국적 조건 속에서 가지는 매우 특수한 의미를 무시하지 않는다.[91] 아퀴나스처럼 후커는 법을 폭넓은 우주 질서의 맥락에서 세계의 일부분이면서도 그 세계를 철저하게 질서화하는 것으로 본다. 그러한 법은 신적 이성의 표증이며, 따라서 신의 영원한 법이다. 법은 (1) 자연법칙, (2) 천사들의 거룩한 법, (3) 이성의 법, 그리고 (4) 인간의 법으로 구성되며, 인간의 법은 다시 제정법, 관습법, 국제법으로 세분된다. 사람들은 자신에게 적합하도록 "아마도 이성의 법이나 신의 법으로부터 편의상 [그것을] 모아서" 인간의 법을 만든다. 이와 같은 구분에는 토마스 아퀴나스를 원용하는 여러 각주가 달려있으나, 그것은 천사 박사의 구분과 몇 가지 중요한 측면에서 다르다. 그중 가장 중요한 변형은 이성의 법과 자연법칙들 사이에 암시된 구분이다. 후커는 다음과 같이 쓴다. "마치 언제나 움직이던 대로 움직이는 하늘이나 세계의 구성 요소들처럼 자신도 모르는 상태에서 법을 지키는 사물들은 자연적 행위자들이라고 부르는 것이 가장 적절하다. 그리고 지성적인 본질에 대해서는 의지적 행위자라는 이름을 수여할 수 있다. 이런 까닭에 우리는 양자를 구분하는 것이 가능하다. 의지적 행위자들에 의해 준수되는 자연의 법은 자연적 행위자들이 묶여 있는 법(자연법칙)으로부터 분리하는 것이 상책이리라."[92] 후커의 기본적인 법 개념은 "행위를 틀 지우는 모종의 규칙 또는 규범"이기 때문에 그가 자연과학의 발흥에 부응해 자연의 법, 즉 이성을 확립된 사실에 대한 가설적 일반화로서의 자연법칙들로부터 구분해내고 있음은 명백하다(이 구분의 정교화에 관해서는 뒤를 볼 것). 물론 여기에 자연법칙들이 이성에 반대된다는 함의는 없다. 그러나 이성은 감춰져서, 오로지 신에게만 알려져 있을 수도 있다.

사실 이 모든 법은 이성에 의해 지지된다. 법의 구속성은 그 합리성에서 나온다. 그러나 신의 영원한 법과 자연법칙이 불변이고 상황에 구속되지 않음에 반해, 천사의 법과 인간의 법은 위반될 수 있고 침해될 수 있다. 인간은 본성의 일부와 함께 동물의 왕국의 자연적 질서에 속해 있으나 다른 일부는 신의 왕국에 속해 있으며 이를 아는 것이 이성이다. (토마스는 구분을 위해 "무질서하고 습관적인, 감각적 충동의 욕망 inordinata et habitualis concupiscentia appetitus sensitivi"으로 정의되는 육신(죄)의 법the law of fomes을 도입함으로써 일종의 재고再考를 가능케 했다.)[93] 인간의 자유를 단연코 확신하는 사람으로서 후커는 '노예근성servum arbitrium'에 관한 초기 종교개혁자들의 교리[94]를 거부한다. 스콜라주의자나 인문주의자와 마찬가지로 그는 인정법의 구체화에 있어서 이성의 역할을 강조한다. 이성의 법을 받아들이는 데 인간이 준비되어 있음을 후커는 인간이 하나님의 형상 속에서 완전함을 이루려고 욕망한다는 사실을 가지고 설명한다. 토마스와 동일한 이성적 낙관주의가 그의 생각에 고루 미치고 있다. 따라서 협력의 수단을 강구하는 데는 어떠한 심각한 문제도 없다. 청교도들이 가졌던 급진적 칼뱅주의는 그릇된 것이다. 왜냐하면 그들의 비관주의는 이성에 대한 신뢰의 결핍이 낳은 결과이기 때문이다. 청교도들의 오류에 관한 긴 서문의 결론에서 그는 청교도들에게 조언한다. "그대들은 인간임을 생각하라. 그대들이 오류를 저지르는 것이 불가능한 일이 아니라고 여기라. 그대들 안에서 의견을 낳고 기르는 것이 이성의 강제인지 아니면 감정의 격동인지, 자신의 마음을 불편부당한 입장에서 정밀하게 조사해보라."

"선행의 법은 올바른 이성의 명령이다"(I, vii, 4). 이는 이성에 호의적인 후커의 논변을 이끄는 주된 생각이다. 사람은 그가 잘못되었거나 나쁘다고 여기는 것들을 바랄 수 없다. 악행은 통찰의 부족이 낳은 결과이다. 이것은 정확한 통찰이 반드시 정당한 행위로 이어진다는 의미는 아니다. 선입견이 작용할 수 있기 때문이다(I, vii, 4~6). 만약 사람이 어떻게 무엇이 옳고 그른지를 알 수 있느냐는 질문이 제기된다면, 후커는 그와 같은 지식은 행위의 근거와 이유에 관한 이해나 행위의 태도와 징표에서 나온다고 답할 것이다. "명백한 선의 가장 확실한 징표는 그것으로 모든 인류를 일반적으로 설득할 수 있느냐이다." 따라서 "인류의 일반적이고 영속적인 목소리는 신의 승인(동의)과 같다. 왜냐하면 모든 인류가 항상 배워왔던 필요들을 자연 스스로 인간에게 가르쳤음이 틀림없기 때문이다"(I, vii, 3). 후커는 이와 같은 관찰이 왜 공통적인 오류가 제거되기 어려운지를 설명해준다고 생각한다. 오로지 우리가 태도와 징표들의 선행하는 인도를 받아들여 행위의 원인들을 포착할 수 있을 때에만 반전이 일어날 수 있다. 비록 직접적인 용어가 나오지는 않았지만, 여기서 후커가 '상식'을 언급하고 있음은 명백하다.

이와 같은 철학적 전제들을 확립하고 나서, 후커는 비로소 법을 "선의 실행을 명령하는 규칙"으로 규정할 수 있게 된다. 합리적인 법은 이성의 포고이며, 후커는 매우 일관되게 그처럼 합리적인 법은 어떠한 계시적 도움 없이도 이성에 의해 인식되고 이해될 수 있다고 주장한다. 신법은 도움일 뿐 전제 조건은 아니라는 것이다. "정의와 이성 안에서는 잘 알려진 신의 의지에 따라 수행된 행위 때문에 누구도 책망받을 수 없다. 그 행위는 신의 의지에 의해 심판받을 뿐이다." 그러나 "이에 반해 우리가 우리의 행위를 심판할 때 따라야 하는 신의 의지, 즉 세상 속에 존재하는 신적 음성은 성서에 의해서만이 아니라 부분적으로는 자연의 빛에 의해서 분명해진다는 것을 부인한 적이 없다"(III, viii, 3). 따라서 이성에 대한 청교도들의 비방은 그릇된 것이다. 이성의 법은 자연적 이해의 기초 위에서 사람이 파악하는 모든 것을 담고 있기에 그들의 행위를 인도하는 것이다. "그러므로 우리의 행위를 판단하는 자연적 척도는 이성의 판결이다. 이성은 무엇을 행하는 것이 선인지를 규정하고 결정한다"(I, viii, 8). 후커는 한번 이성의 법을 이해하고 나면 누구든지 그것을 거부할수 없다고 확신한다. 그가 보기에 이성의 법에 대해 얼마간의 지식도 가지지 않은 사람을 찾기란 쉽지 않다. 이 점은 그가 청교도들 때문에 "자연의 빛이라는 이름을 인류가 증오하게 되었다"고 몹시 불평하는 이유다. 청교도들은 "신이나 다른 특별한 존재와 비교하여 인간의 지혜를 폄하하고 있거나" 그에 관한 잘못된 가르침을 퍼트리고 있다는 것이다. 그와 같은 '이성의 비방'은 단지 오류이기만 한 것이 아니라 정치질서나 교권질서의 확립을 방해하는 것으로까지 비칠 수 있다. 이 핵심 부분에서 후커는 그와 같은 효과에 관한 토마스 아퀴나스의 언급을 다시금 인용한다. "자연의 법의 가르침들로부터, 어떤 일반적이고 자명한 원리들로부터 그러는 것과 마찬가지로, 인간의 이성은 필연적으로 특정한 결정들을 향해 나아간다. 인간의 이성에 따라 발견되는 이 특정한 결정들은 인정법人定法이라는 이름을 가지고 있다. 그러므로 법을 제정할 때 요구되는 다른 조건들이 그 속에서 준수되어야 한다."[95] 후커는 헌법이야말로 그와 같은 인정법이라고 본다. 헌법은 이성의 법을 구체화한다.

"그러므로 합리적인 법을 지칭할 때 사람들은 통상 자연의 법이라고 부른다. 이는 인간 본성이 아는 법 자체가 이성 안에서 보편적인 구속력을 가짐을 뜻하는 것이다. 원인의 측면에서는 이를 이성의 법이라고 일컫는 것이 가장 적합할 수도 있다. 이러한 법은 사람들이 자연적 이해의 조명으로 자명하게 알고 있거나 적어도 알 수 있는 모든 것을 포함한다고 나는 생각한다. 겉치레인지 아닌지, 덕스러운지 사악한지, 선을 행하는지 악을 행하는지를 아는 것 말이다"(I, viii, 9).

이처럼 자연이 인간의 삶에 적합한 법칙들을 부여한다는 토대 위에 후커는 헌정질서에 관한 이론을 세운다. 헌정질서는 계약적일 수도 있지만 확실히 본성적으로 형성되는 법적 공동체로서 정치적 연합 및 법 아래서 공존하는 삶의 본질을 결정하는, 명시적 또는 묵시적으로 동의한 규칙들에 기초를 두고 있다. 후커는 우리가 공화국의 법이라고 부르는 이러한 헌정질서야말로 정치공동체의 진정한 영혼이라고 말한다. 이는 후술하는 알투지우스의 공식과 말 그대로 동일하게 헌법을 인간의 자연적 이성에 근거한 토대로 만든다. 그러한 헌법은 관습에 의한 것일 수도 있고 제정된 것일 수도 있지만, 어느 경우에도 그 효력은 공존하는 삶의 방식들에 관한 인간의 합리적인 통찰에서 나온다. 그와 같은 질서에 정당하게 저항하는 것은 불가능하다. 헌정질서에서 나온 법률은 자명하게 이성적이거나 동의에 근거한 질서에 의해 정당화되기 때문이다. "군주가 국가를 정녕 인도하고, 법이 군주를 정녕 인도하는 곳에서, 정치공동체는 하프나 선율이 아름다운 악기와 같다. 그곳에서 모든 현은 하나에 의해 조율되고 연주된다…"(VIII, ii, 12).[96] 인간의 합리성 때문에 동의, 또는 더 적절하게 말해 컨센서스가 가능하다. 인간의 합리성은 법률의 효력을 위해서도 요구된다. 공공적 동의에 의하지 않는 한 규칙과 명령은 진정한 법률이 될 수 없다(I, v, 8).

동의에 관한 후커의 독트린은 심각한 토론을 불러일으켜 왔다. 이는 결정적으로 우리의 현 주제에 관해서도 중요하다. 왜냐하면 후커는 동의가 필요하다는 점에 근거해 인민의 참여를 요구하기 때문이다. 그의 생각은 영국적 전통(그리고 대륙적 대응물) 속에 있다. 정상적인 법을 만들기 위해서는 모든 인민의 대표자들로 구성된 의회나 평의회가 필요하다는 것이다. "법을 만들어 정치사회 전체에 명령할 수 있는 합법적인 권력은 당연히 정치사회 전체에 속한다. 따라서 공공적 찬동을 획득하지 못한 법률은 법이 아니다." 더 나아가 "그러므로 인간이 만든 법률은 어떤 종류든 동의에 의해 유효하게 된다"고 한다. 여기서 동의는 반드시 개개인의 목소리일 필요는 없다. "우리는 의회나 평의회, 그리고 다른 회의에서 반드시 우리 자신이 직접 참석하지 않더라도 우리를 대표하는 다른 대표자들을 통해 이성적으로 동의할 수 있다"(I, x, 8). 그렇다면 명백하게 헌정질서는 "오랜 유래를 가지고 관습에 의해 설립되어온" 방식으로 모든 구성원의 참여를 조직할 수 있다. 이는 기존의 확립된 질서가 명시적으로 폐지되지 않는 한 컨센서스 속에서 유지될 수 있다는 의미이다. "사람들의 공동체에서 500년이 된 법률들은 마치 동일한 사회에 현재 존재하는 사람들의 법률인 듯 효력을 갖는다. 단체는 영속성을 갖기 때문이다…." 제정법규는 종종 보통법이 도출한 내용의 단순한 확인 또는 추인이며, 그러한 추인 자체가 적절한 까닭에 이성의 법이 방편으로 요구하는 것일 수도 있다. 그러나 법은 이전에는 의무가 아니었던 것을 의무로 만들 수도 있다. 그 경우 그 법은 '단순한' 인정법이거나 파생적인 법이 된다.

튜더 왕조의 정치체제에 대한 후커의 옹호는 이상과 같은 일반적 주장들에 부합한다. 후커 자신은 양자가 전적으로 일치한다고 믿었지만, 역사적 관점에서 볼 때 우리는 그처럼 확신할 수는 없다. 아마도 우리는 이 둘을 너무 다르게 생각하는지도 모른다.[97] 그러나 어찌 되었든 후커는 튜더 정치체제를 하나의 "정치체polity", 즉 피치자의 동의로 유지되는 헌정질서라고 생각했다. "교회이자 국가이며 … 전부이자 전체로서 … 우리의 최고 통치자 아래에서 … 우리와 함께 … 하나의 사회가 있다"(VIII, I, 7). '종교적 진리들'이 정치체를 본질적 질서로 지지하는 까닭에, 신앙의 초월성은 정의와 법에 관한 유력한 관념들의 영원한 토대를 제공한다. 궁극적으로 종교적 진리들의 권위는 신이 인간에게 부여한 이성에 일치하느냐에 달려 있다. 여기서 그는 아퀴나스를 따랐으며, 성서에 몰두하는 청교도들에 반대했다. 기억할 만한 한 구절에서 후커는 (헌법을 포함해) 모든 법의 초월적 기초에 관한 자신의 관점을 요약했다.

"법에 관해, 법의 자리가 신의 복심이며, 그 목소리가 세상의 조화라는 것처럼 잘 알려진 지식은 없다. 천상과 지상의 만물들은 법에게 경의를 표하고, 최후까지 법을 문제로 느끼며, 가장 위대한 존재마저도 법의 힘으로부터 면제되지 않는다. 천사든 인간이든 어떤 조건에 있는 피조물이라도, 그 각각이 어떤 종류이건, 어떤 특징을 가졌건 간에, 그들은 모두 단일한 동의를 표한다. 법이야말로 그들에게 평화와 희락을 주는 어머니라고 찬양한다"(I, xvi, 8).

이것은 명백하게 중세의 교훈에 대한 공명이지만, 결정적인 사정자査定者로서 이성을 더욱 집요하게 강조한다는 점에서 새로운 전환이다. 그와 같은 집요한 합리성은 특히 프란시스쿠스 수아레스와 같은 스페인 토마스주의자들에 의해서도 강조되고 있다. 외견상 제임스 1세의 〈충성 맹세를 위한 변론Apology for the Oath of Allegiance〉에 대항하여 쓰인 것처럼 보이는 수아레스의《법과 입법자인 신에 관한 논구Tractatus de Legibus ac Deo Legislatore》(1613)[98]는 사실 토마스 아퀴나스에게 깊은 영향을 받은 일군의 학자들이 가진 생각을 요약한 것이었다. 프란시스쿠스 데 비토리아 Franciscus de Vitoria(1483?~1546), 도미니쿠스 데 소토Dominicus de Soto(1494~1560), 디에고 코바루비아스Diego Covarruvias (1512~1577), 그리고 페르난도 바스케스Fernando Vasquez (1509~1566) 등이 그들이다. 수아레스의 이 책이 "방법이나 사고방식에 있어서 후커의《교권정체법론The Laws of Ecclesi-astical Polity》과 놀랄 만큼 유사하다"는 평가는 정당하다.[99] 그러나 우리의 고찰을 이 위대한 학문적 성과에까지 확대하는 것은 정당화되기 어려울 것이다. 왜냐하면 우리는 여기서 이 저자들이 헌정질서에 대한 믿음을 초월적 정의를 토대로 강화한 사실을 논증하려는 것이 아니기 때문이다. 공동 감각 communis sensus을 토대로 사회를 구성함에 있어서 모든 인류는 자유로운 존재들로 동등하게 간주되며, 따라서 그들은 마음에 드는 정부를 설립할 권리를 보유한다.[100] 하지만 여기에는 토마스와 후커가 제시했던 컨센서스적 기획의 본래적 우월성에 관해서는 아무런 발전이 없다. 그와 같은 관점의 체계적인 설명은 약 25년이 더 지난 후 저항권에 관한 토론과 연계하여 칼뱅주의자들로부터 나왔다.

오래전에 나는 요하네스 알투지우스Johannes Althusius(1563~1638)의《정치학Politica》에 대한 연구를 결론지으면서, 토마스 아퀴나스와 대조해 그의 위치를 이렇게 썼다. "성 토마스 아퀴나스와 마찬가지로 알투지우스는 모든 인간관계를 하나의 최종적인 종교적 목적에 연결하는 태도를 유지하면서도, 삶의 서로 다른 영역들을 보호하고 다양한 단계들의 내적 차이가 점점 커진다는 주장을 내세웠다." 그러나 나는 동시에 현대의 생물학적, 심리학적 자연주의가 알투지우스의 인상적인 공식 속에 등장한다는 점도 강조했다. "우주에는 신이 있다는 점에서, 사회에는 법이 있다Quod Deus est in universo, lex est in societate." 아마도 나는 이 대조를 과도하게 강조했던 것 같다. 당시 내가 생각했던 것보다 알투지우스 안에는 토마스 아퀴나스의 영향이 더 크고, 알투지우스의 자연주의는 그렇게 급진적이지 않다. 타고난 자연적 필요에 대해 인간이 주체로 이해되고 있음에도 불구하고, 정치적 삶에 관한 알투지우스의 해석에서 신은 여전히 중요한 부분을 담당한다. 인간 본성의 그런 측면을 토마스 아퀴나스는 과장한 적이 없다. 우리가 이미 보았듯이 참으로 그것은 아퀴나스 사상의 중심이었다.[101] 그럼에도 알투지우스는 서구 정치사상의 발전에서 점점 더 걸출한 인물로 인식되고 있다. 이는 적어도 부분적으로 그가 칼뱅주의의 정치적 함의에 체계적인 형식을 부여했고, 더 특별하게는 칼뱅주의에 헌정주의적 추진력을 마련해주었기 때문이다. 17세기 내내 영국이 겪은 오랜 소모적인 투쟁은 과연 무엇을 증명하려는 것이었는가? 본 장의 서두에서 썼듯이, 칼뱅의 기본적 위상에 담긴 의미를 이론적으로 탐구하면서도 해명을 기대하는 것은 바로이 의문이다. 알투지우스는 이 과제를 종교전쟁 과정에서 나온 정치적 저술들에 대응하면서 부분적으로 수행한다. 앞서 언급한 것처럼 이 종교적 저술들은 프로테스탄트와 가톨릭 양측 모두에서 나온 저항권에 관한 팸플릿들을 말한다. 이 저술들은 다양한 관점과 접근 방식을 제시한다. 하지만 시사적 저술livres de circonstance로서 이는 철학적 깊이보다 즉각적인 선동적 효과에 더 큰 관심을 기울였다. 그럼에도 이 팸플릿들은 흥기하는 절대왕정 자체 및 절대왕정이 세습통치자들의 수중에 권력을 집중시키는 것에 대한 저항이라는 점, 그리고 절대왕정의 결과로 '신분제'국가Staendestaat에서 실행되었던 중세적 헌정주의의 붕괴에 대한 저항이라는 점을 공통적으로 가지고 있었다. 절대주의를 향한 이러한 경향은 장보댕을 위대한 법적 옹호자로 삼았으므로, 이에 반대되는 경향 역시 비슷하게 체계적으로 상술되어야 한다는 것은 당연한 이치였다. 알투지우스의 작업은 다원주의적 정치질서를 이론화하려는 단호한 시도다. 그러한 작업에서 그는 아퀴나스의 유산을 활용했고 현저하게 변형시켰다. 이는 마치 후커가 튜더 왕조를 옹호하기 위해 절대왕정과 헌정주의 사이에서 이론을 발전시켰던 것과 마찬가지이다.

알투지우스의 다원주의는 현대의 다원주의와 다르다. 그것은 독립적인 개인을 중심에 두지 않는다. 현대의 다원주의에서는 여러 방식으로 행사되는 독립적 개인들의 주도권 아래 집단들이 구성되고, 다시 이 집단들이 현대 자유 사회에서 다원성을 구성한다. 이에 비해 알투지우스는 중세의 선례들을 따라, '연방적' 연맹체를 구성함으로써 포용적인 정치질서를 제시한다. 아리스토텔레스나 보댕의 경우처럼 가장 밑바닥에는 가족 공동체가 존재한다. 이 가족 공동체들은 협약pactum, 동맹foedus 또는 연합consociatio에 의해 한편으로는 촌락을 만들고 다른 편으로는 길드(동업조합)를 만든다. 이 길드들은 다시 도시를 이루고, 도시들과 촌락들은 함께 더 높은 수준의 연방적 연맹체를 설립한다. 이것이 주province다. 주들은 다시 (네덜란드 연합의 성립 과정에서 잘 나타났듯이) 포괄적인 정치적 실체로서 공화국respublica이나 왕국regnum을 이룬다. 왕국들regna은 다시 연합해 제국이 될 수도 있다. 중세적 '위계질서'에 대조할 때, 이와 같은 축조 과정은 조화concordia의 토대를 채우는 데 필요한 컨센서스를 제공하면서 밑바닥에서부터 위로 올라간다. 이런 까닭에 알투지우스에게 정치란 "사회적 삶을 위해 사람들을 서로에게 연결하는 과학"이다. 공화국이나 왕국은 "공동의 목적을 달성하기 위한 협동을 위해 조직된" 포괄적인 공동체다.[102]

알투지우스는 분석의 자연적natural, 생명적biotic 측면을 부각하기 위해 공생共生(symbioticus)이라는 용어를 주조한다. 살아있는 공동체를 함께 구성하는 동료들은 공생인symbiotici 이며, 결혼은 공생적 연합consociatio symbiotica이다. 공생인의 필요 및 욕구는 질서가 창조되어야 하는 이유다. 이는 인간의 절박한 사정을 자연주의적으로 인식한 데서 비롯되는 거의 실증주의적인 정의관으로 그를 이끈다. "묻건대, 만약 무엇이 법인지를 처음에 인식하지 못했다면, 정의가 무엇인지 누군들 정확하게 알 수 있을 것인가? 법으로부터 우리는 무엇이 정의인지를 배운다."[103] 다른 곳에서 그는 아리스토텔레스를 인용한다. 아리스토텔레스는 《니코마코스 윤리학》에서 다음과 같이 제안한다. "남편과 아내가, 그리고 일반적으로 친구와 친구가 어떻게 함께 살게 되는가의 질문은 무엇이 옳은지의 질문으로 전화되는 것 같다." 알투지우스는 정의라는 관념을 유지하면서 그것을 공생적 덕성virtus symbiotica이라고 규정한다. 그러나 만약 우리가 그 덕성이 어떻게 발견될 수 있는가를 묻는다면, 토마스 아퀴나스나 후커와 달리 이성이 아니라 성서, 특히 십계명이 해답이 될 것이다(Ⅶ. 4 ff.와 XXI, 22 ff.). 물론 알투지우스는 성 바울이 로마서

2장 14절에서 언급했던 무엇이 옳은지에 관한 보편적 인식을 부인하지 않는다.[104] 하지만 모든 강조점은 (칼뱅이 가르쳤듯이) 스스로 명백한 법에 놓여 있다. 확실히 알투지우스는 "생래적 성향상, 인간은 자신이 옳다고 이해하는 것을 행하고, 불의하다고 인지하는 것을 행하지 않도록 본성의 비밀스런 본능에 의해 강제된다"(XXI, 20)라고 썼다. 이것은 양심으로 불리며, 신에 의해 모든 인간에게 심겨 있다. 통상 그 명령들은 도덕법lex moralis으로 칭해진다. 하지만 알투지우스는 그리스도의 말씀 속에서 이 '보통법commune jus'은 하나님을 사랑하고 이웃을 사랑하라는 명령으로 분명하게 드러났다고 덧붙인다. 여기서 후자는 십계명의 두 번째 돌판에 공표되었듯이, 더 특수하게, 정의로운 시민의 정치적 삶에 관련된다. 이 여섯 계명으로부터 인간은 다음의 사실을 알게 된다. "궁핍을 해소하고 편안하게 살도록 자신에게 부여된 물건, 일, 생각, 자신의 권리와 모든 것을 자신의 공생적 이웃에게 나누어 주고 상통해야 한다. …(ut contribuat & communicet proximo symbiotico suo res, operas, consilia & jus suum, & omnia illa praeest, quae sunt illi tribuenda ad indigentiam illius sublevandam & commode vivendum…)." 알투지우스에게 이 계명들은 단순한 교훈이 아니라 명시적인 선례 또는 제정법규였다. 우리는 앞에서 토마스 아퀴나스 역시 정의의 이념을 도출하려는 노력으로써 십계명의 함의를 다듬었다는 것을 보았다. 칼뱅주의

자와 가톨릭의 차이는 단지 강조점이 다르다는 것뿐이다. 알투지우스는 신적 명령의 명시성을 엄청나게 강조하면서 이성의 역할은 상대적으로 덜 강조하고 있다. 그렇더라도 알투지우스는 토마스 아퀴나스가 그랬듯이 십계명이 신에 의해 반포되었다는 점만이 아니라 시공간적 상황 속에 적응하려면 이 기본법의 특수한 적용이 필요하다는 점도 인식했다. 이 점을 드러내기 위해 구약성서, 특히 레위기에 등장하는 법에 관한 긴 논의가 이어진다. 이 논의의 정점은 다음과 같은 발언이다. "이와 같은 법에서 도덕적이라는 것은 영구적인 것이고, 사법적司法的이라는 것은 변화하는 상황에 맞추어 변화한다는 것이다. 의례적인 것은 폐지된다고 생각해야만 한다in ejusmodi lege quod morale est, id perpetuum; quod judiciale, id mutatis circumstantiis mutari; quod ceremoniale, id perire existimandum est."[105]

엄격하게 말해서, 정치질서에 대한 알투지우스의 관념이 기독교인의 공동체에만 적용된다는 것은 분명하지만, 칼뱅주의자 공동체에 국한된다고 보기는 어렵다. 북아메리카에 정치공동체를 설립했던 청교도들처럼, 건강한 정치질서의 확립에 있어서 알투지우스의 생각은 대단히 결정적으로 종교적이다. 그가 생각하는 건강한 정치질서는 초월적 규범에 대한 믿음에 의존적이며, 이 믿음은 인간 행위를 정의롭게 만들어 그 바라는 질서에 완전히 참여하게 한다. 기독교인을 움직이는 신적 사랑은 그와 같은 질서에 전제된 공감적 감정을 위한 조건이다. 기독교인들은 성 아우구스티누스에게 종종 잘못 전가되는 신념, 즉 신적 영감이 가득하고 급진적인 초월적 정의가 압도하는 기독교 국가가 확립될 수 있다는 신념을 실제로 가지고 있었다.

정치질서의 종교적 토대에 관한 이와 같은 강조에도 불구하고, 우리는 알투지우스가 종교를 정치적으로 해석하는 경향이 있음을 발견한다. 이는 그가 교권을 통치의 필요조건 속에 종속시켰다는 말이다.[106] 이러한 연계에서 그는 종교적 관용의 문제에 관해 보댕과 의견이 같다는 점을 강조한다.[107] 더욱 특별하게 그는 신앙의 사소한 문제들이 관련되었을 때는 정치적 권위자가 최고의 관할권을 가져야 한다고 주장한다. 베네딕투스 아레티우스를 언급하면서,[108] 알투지우스는 신앙의 주요 조목들이 건재한 한, 기독교인들이 신앙의 다른 문제들에 대해서 서로의 생각에 동의하지 않을 이유는 없다고 말한다. 학식을 갖춘 사람들은 그러한 문제들에 대해 결코 동의하지 않을 것이다. 정부는 그와 같은 불일치를 토대로 종파주의 운동이 발전하는 것을 피하기 위해 노력해야만 한다. 교조주의를 가지고 평화를 교란한다고 비난하면서 그는 일반적인 중용을 옹호한다. 인간 이성의 약점을 강조하는 가운데 그는 후커가 청교도들을 비판했던 이유인 '이성의 폄하'를 긍정적으로 설명하기 시작한다. 그는 독일 전통에서 그래왔듯이, 그와 같은 불확실성을 해소하고 복잡한 의문들을 결정하기 위해 학교와 대학에 문의할 수 있다고 믿는다. 그러나 관용을 위한 이와 같은 솔직한 청원은 비기독교인들이나 무신론자들, 그리고 기독교 신앙과 정면으로 어긋나는 신앙을 가진 사람들에게는 확대되지 않는다. 물론 그에게 있어 유대교 신앙은 '교황주의자들'과 유사하게 제한된 관용을 받을 수 있는 것으로 여겨진다.[109] 동시에 위정자는 진정한 종교를 진흥하기 위해 권한 내의 모든 조치를 시행해야 한다. 그러므로 교회로부터 모든 오류와 이단, 우상숭배, 종파주의적 타락을 없애고 교정할 권한이 위정자에게 속하는 점에는 의심의 여지가 없다. 이처럼 강력한 에라스무스적 자리매김은 당연히 다시 한번 파두아의 마르실리우스를 생각나게 한다. 물론 안전, 평온, 안정성 대신 정치공동체를 철저하게 기독교적으로 만드는 점에서 목적은 매우 다르다. 이러한 이유로 위정자들은 공적 포고령을 가지고 "하나님의 말씀에 일치하지 않는 모든 불경건한 교의"를 없애버리고, "혹심한 처벌의 고통 위에서 관할 내의 모든 사람에게 그와 같은 교의의 실행을 금지할 것이다". 하지만, 동시에 위정자들은 잘못을 저지른 사람들을 공적으로 비난하지 못하게 하고, 오히려 우정을 계발하거나 설득해 그만두게 하려고 정통교리를 선포할 수도 있다. 알투지우스는 특히 강압을 통해 사람들을 개종시키려는 시도가 허용될 수 없음을 독자에게 환기한다.

우리는 종교를 강요할 수 없는데, 왜냐하면 어느 누구도 자신의 뜻에 반하여 믿도록 강요받을 수 없기 때문이다religio-nem imperare non possumus, quia nemo cogitur, ut credat invitus.[110] 여기에 종교의 정치적 기능을 인정하고 받아들임에 있어서 알투지우스의 한계가 있다. 칼뱅주의 기독교라는 특정한 종교에 대한 깊은 확신과 신앙이 너무 깊게 드리워 있기 때문이다.

이제 우리가 만약 정치질서 그 자체의 기초 문제로 돌아가 본다면, 우리는 알투지우스가 협약pactum의 관념을 마련했음을 발견한다. 협약은 후대의 저자들이 썼던 의미의 계약이 아니라 살아있는 집단을 근본적으로 조직하는 결정이다. 집단의 공통적 삶은 그와 같은 조직행위를 초월한다. 그는 협약이 '암묵적'일 수도 있다는 점을 반복해서 인정한다. 이는 다른 표식들과 함께 인민의 원초적 선택이 하나의 행위나 결정이 전혀 아닐 수도 있음을 보여준다. 그것은 결정의 연속일 수도 있고, 암묵적 동의의 형태를 취할 수도 있다. 아니면 명시적인 결정으로 이루어질 수도 있다. 그러므로 알투지우스는 헌정권력potestas constituens을 긍정적으로 가정한다. 집단의 삶을 표명하는 점에서, 헌정권력은 집단 자체에 "속해 있다". 헌정권력 속에서 삶은 공생적 집단으로 구성되며, 그것이 없으면 집단은 존재하지 못하게 된다. 그러나 앞에서 이미 적시된 것처럼, 구성적 행위는 선험적으로 고립된 개인들이 아니라 도리어 집단적 삶에 연결된 행위이다. 이러한 집단 또는 연합체의 정점인 정치공동체 또는 국가는 비슷한 방식으로 구성되는 더 작은 실체들로 구성된다. 상위의 연합체를 이루는 구성원은 하위의 연합체들이다. 그러므로 시민 개개인이 시민권을 행사할 때, 그들은 그 권한을 연합체들의 사다리의 가장 아래 단계에서 직접적으로 행사하거나, 그 자신이 소속된 높은 단계의 연합체 대표들을 통해(또는 이와 같은 대표들의 한 명으로서) 간접적으로 행사한다.

모든 것을 포괄하는universalis 공생적 연합체인 국가regnum, respublica[111]를 알투지우스는 인민의 소유proprietas라고 선언한다(IX, 4). 국가란 공생인들의 포괄적 연합consociatio symbiotica universalis이라고 말할 때, 그것은 무슨 의미일 수 있는가? 이는 만약 국가가 자연적 필요와 효용이 요구하는 통상적 삶을 위한 조직이라면, 인민이 없으면 국가도 있을 수 없으므로, 따라서 국가는 인민에게 속한다는 의미이다. 그리고 비록 영토국가가 가족이나, 도시, 군郡과 같은 모든 소규모 공동체들을 포함하지만, 이 공동체들은 국가보다 먼저 존재한다. 이 공동체들은 이제 국가, 즉 공생인들의 포괄적 연합들이 되었지만, 그처럼 더 큰 정치공동체에 편입되었더라도 여전히 고유한 공동체적 기능을 가지고 있다. 따라서 이 공동체들은, 전체주의자들에 의해 모든 '매개적' 집단들(몽테스키외)이 사라지는 것과 대조적으로, 필연코 다원주의를 구성하게 된다. 그러나 정치공동체나 그 하위의 연합체들과 비교해 인민 자체는 여전히 집합coetus, 대중vulgus, plebs으로 나타난다.112 그들은 변덕이 심하고, 판단력이 모자라고, 경솔하고, 질투가 많고, 흉포하고, 난폭하고, 선동적이고, 감사할 줄모르는 등 다양한 악덕을 지니고 있다. 알투지우스는 마키아벨리나 홉스와 마찬가지로 인민에 대해 회의적이다. 그러나 그는 최고의 권력이 인민에게 있음을 옹호한다. 왜인가?

최고 권력은 정치공동체 그 자체의 자연적 속성이기 때문에, 알투지우스는 정치공동체가 단 한 번에 모두를 위해 조직된다고는 생각하지 않는다. 정치공동체는 계속 재조직된다. 이러한 헌정권력은 본질상 불가분이고, 나눌 수 없으며, 양도될 수도 없다.113 알투지우스는 이 권력이 통상 대권大權(jus majestatis)으로 불린다면서도, 놀랍게도 이를 통치권jus regni으로 부른다. 통치권이 정치공동체에 명령해 정치질서를 장악하는 권한임은 명백하다. 요컨대 그것은 헌법이다. 이를 통해 정치공동체의 구성원들은 서로 연결되며 자급자족, 질서, 그리고 법(정의)을 확보하려는 목적으로 한 몸과 같이 연합된다. 개인이건 집단이건, 헌법은 모든 구성원들의 행위를 지시하고, 그들에게 적합한 기능을 규정한다. 이 점에서 헌법은 모든 것을 포괄하는universalis 명령권이다. 헌법은 그보다 높거나, 동일하거나, 동등한 것을 알지 못한다. 이러한 연계 속에서 알투지우스는 "대권의 법the law of majesty"

이라는 표현이 단순히 도시나 지방의 권력보다 더 상위의 권력이 선포한 법을 의미할 뿐이라고 지적한다. 정치질서는 헌법에 의존하며, 헌법이 사라지면 정치질서도 없어진다. 하나의 연합체corpus consociatum로 조직된 인민은 헌정권력을 가진다. 그것은 자연적인 집단들로 조직된 연합적 구성원들로서 인민에게 속한다(IX, 12~17).

그러므로 정치공동체의 헌정권력이 공공복리의 요청을 스스로 '결정'하는 한 사실상 무제한이라는 점을 발견한다면, 우리는 또 한번 알투지우스가 현대의 헌법 질서를 어느 정도로 선취하고 있는지를 알게 된다. 기본법lex fundamentalis[114]이나 헌법에 의해 보장되는 특정한 기본 원리들에 뿌리를 둔 법은 공동체 내에서 모든 인간관계에 스며든다. 법은 어떤 의미로도 정확하게 정의의 의미를 결정한다. 법은 정치공동체에 의해 구성되고, 정치적으로 그것을 표현한다. 기독교 정치공동체의 경우, 법은 모호한 양심의 문제가 아닌 기독교인의 윤리 위에 자리 잡지만, 명확하게 공적으로 선언되어 모든 사람이 알 수 있는 하나님의 명령 속에 포함된다. 따라서 법적 공동체communio juris, Rechtsgemeinschaft는 오로지 기독교인들 속에서만 완전히 신뢰할 수 있다. 헌정주의는 진정한 믿음을 전제한다. 정부의 권위는 근본적 가치를 결정하여 제공하는 신앙적 만장일치 위에 자리를 잡는다. 여기서 근본적 가치들이란 좀 더 특수하게는 기독교인의 소명이라

는 생각에 내포된 것이다.[115]

이렇게 해서 우리는 칼뱅주의가 중세적 사고에서 시작된
입장을 진척시켰다고 결론짓는다. 영국적인 방식이든 보다
정통주의적인 형태든, 칼뱅과 그의 추종자들은 종교적 문제
들에서 개인적 확신의 정치적 함의와 더불어 "신분과 함께,
신분에 의해" 구성된 정부에 의해 대표되는 봉건적 다원주의
의 전통에 내포된 가치를 인지했다.[116] 그렇기에 '헌법'은 종
교적 확신과 법적 구비전승에 뿌리박은 신화가 되었다. 다른
어느 곳보다 영국에서 이러한 사고방식은 섬나라 근성을 가
진 채 극단적으로 전통에 얽매인, 그러나 여전히 신실한 프
로테스탄트인 에드워드 코크 경과 같은 사상가들에 의해서
승리를 거두었다. 영국의 헌정사는 다시 한번, 고대적 종합
이 혁명 속에서 어떻게 분리되어 나갔는지, 올리버 크롬웰이
과거의 특정한 전통적 질서를 거부하면서 일반적인 관념을
존속하고 실현하기 위해 어떻게 투쟁했는지, 그리하여 결국
어떻게 새로운 종합이 성취되었는지를 추적하는 것을 해명
해준다. 우리는 다음 장에서 방금 언급한 새로운 종합이 헌
정주의에 대한 존 로크의 성찰에서 어떻게 표현되었는지를
스케치할 것이다. 프로테스탄트 헌정주의에 담긴 모순들이
드라마틱하게 펼쳐지는 나머지 이야기는 보편사의 일부로
서 능숙하게 기술된 바 있다.[117]

제4장

이신론理神論 헌정주의와
인격신론人格神論 헌정주의

칸트는 《실천이성비판》에서 종교는 모든 의무가 신적 명령이라는 지식과 이해를 내포하지만, 신적 명령은 외부의 의지에 따른 자의적 포고령이 아니라고 말한다. 그에 따르면 자유의지의 모든 근본 법칙은 오히려 최고 존재의 명령으로 간주해야 한다.[118] 이처럼 종교를 인간 및 도덕과 관련해 특징짓는 것은 정확히 이신론적이거나 인격신론적이라고 말할 수 없으나, 칸트의 명확한 형식 속에서 양자는 모두 초월적인 것으로 이야기된다. 따라서 이 문제는 어느 정도 이 용어가 어떤 의미로 쓰이는가에 달려 있다. 만약 우리가 이를 좀 더 엄격하게 정의된 철학적 의미로 다룬다면, 인격신론은 신이 세계 속에서 계속 활동하면서 인간과 자연에 작용한다고 주장함에 반해, 이신론은 신이 세계를 창조하고 '시계태엽을 감은' 다음에 '작동 법칙'과 함께 인간에게 주었으나 세계에 간섭할 수는 없다고 본다. 사실 이신론의 입장은 토마스 아퀴나스나 후커의 논리와 같은 신학적 교의들 속에서 이성적인 부분을 떼어낸 것으로서 그 핵심은 '자연적인' 종교였다. 자연종교는 '자연의 빛'으로서 이성의 표현이며, 여기서 이성은 모든 인간에게 발견되고 인정될 수 있기에 모든 인간에게 공통적이다. 본유 관념 또는 공동의 관념의 표현인 이 자연의 빛은 신에 대한 경배가 인간의 의무라는 점과 함께, 이 경배가 덕성과 경건 속에 이루어져야 하며, 회개와 징벌은 신적으로 규정된 것이므로 내세의 삶에서 인간은 (그리고 그 삶을 살아갈 불사의 영혼은) 행위에 따라 벌과 상을 받게 될 것이라는 점 등을 인간에게 가르친다.[119] 물론 로크는 이러한 타고난 관념들을 거부했다. 그는 신과 도덕 의무의 현존에 대해 감각경험과 인간의 현존으로부터 논의를 전개했다. 그러나 로크는 도구적 성격으로서 이성의 최고 역할을 존속시켰다. 데이터의 기초를 제공하는 감각경험은 이성의 도움을 받아 이해로 전환될 수 있었다. 직관에 의해 우리의 현존을 안다는 것, 논증에 의해 신의 현존을 안다는 것, 감각에 의해 다른 사물들의 현존을 안다는 것, 이 세 종류의 현존에 대한 추론을 통해 우리는 그 대상들에 관해 우리가 가지고 있는 관념들을 발전시킨다.[120] 로크는 이렇게 주장한다. "신이 자신에 관한 타고난 관념을 우리에게 주지 않았음에도, 그의 현존을 읽어낼 수 있는 고유한 성격을 우리의 마음에 찍어놓지 않았음에도, 여전히 그와 같은 능력들은 우리의 마음에 부여되어 우리에게 구비되어 있다. 이는 신이 자신을 아무런 증인 없이 두지 않으셨기 때문이다. 우리는 감각, 지각, 그리고 이성을 가지고 있으므로 [원문대로] 신의 확실한 증거를 요구할 수 없다…"121 로크는 이 점을 강하게 주장한다. "그러므로 우리가 알 수 있다는 것, 즉 신의 존재를 확신한다는 것을 보이기 위해, 그리고 이런 확신에 어떻게 도달할 수 있는지를 보이기 위해, 우리는 스스로로부터 더 멀리 나아갈 필요가 없다고 나는 생각한다. 우리는 우리 자신의 현존에 관해 의심 없는 지식을 가지고 있다"(앞의 책). 자신이 쓴《기독교의 합당성The Reasonableness of Christianity》에서 로크는 이 신이 권세, 정의, 그리고 자비를 가진 기독교의 하나님이라는 것을 보여준다. 논의 전체는 로크가 "신약성서에서 정의라고 불리는 것"이라고 말하는 "완전한 복종의 상태"라는 관점에서 진행된다. 그는 "그 말이 원래 정의justice를 의미했음에도 불구하고 의로움righteousness으로 번역되었다"고 덧붙인다. 이는 신이 인간에게 복종하라고 명령한 법의 '위반' 문제다. 그 뒤에는 창세기 2장과 아담의 '타락'이 가져온 구원의 문제에 관한 긴 논의가 따라온다. 그 중심에는 법에 대한 복종으로 이해된 정의 또는 의로움이 존재한다. 그는 계시록을 인용한다(22장 14절). "그의 계명들을 행하는 자는 복이 있도다…." 이 계명들은 '이성의 표명'이다. "이성의 명령을 명령하는 자는 바로 신이다. 계명은 이성의 법"이며, "또한 자연의 법이라고 불리기도 한다". 그러나 '신앙의 법'도 존재하는데, 여기서 신앙은 "완전한 복종의 결여를 보완하기 위해" 허용되는 것이다. 따라서 신앙은 인간들이 의롭다면 영생을 부여한다. 앞선 세대의 토마스 아퀴나스, 칼뱅, 후커, 그리고 알투지우스와 같이(그리고 참으로 기독교 자연법 전체의 전통을 따라), 그는 로마서에 나오는 성 바울의 진술인 "이방인들은 본성을 좇아 법에 따라서 사태를 처리한다"는 것을 양심의 문제라고 지적한다. 이는 다시 로크로 하여금 도덕법, 즉 "어디서나 동일한, 옳음의 영원한 통치"와 그 자신이 정치적 부분으로 불렀던 시민적, 의례적, 의식적 부분의 구분을 상기하게 만든다. 여기서 후자는 오로지 유대인에게 적용되는 데 반해, 자연법은 이성의 법으로서 어디서나 누구에게게나 적용된다. 이러한 생각은 로크가 그의 《자연법 에세이Essays on the Law of Nature》에서 이미 윤곽을 보였던 것을 똑똑히 설명한다.[122] 이 중요한 초기 저작에서 로크는 자연의 법의 합리적인 토대를 모색하는 데 관심을 가지고 있었다. "마음의 산만한 능력으로서의 이성"과 도덕 원리의 세트로 이해된 "정당한 이성"을 확연하게 구분할 것을 주장하면서, 로크는 (a) 어떻게 우리가 자연의 법을 알 수 있는가의 문제와 (b) 자연의 법의 구속력은 무엇인지의 문제에 몰두했다.[123] 그는 정당한 이성의 규칙들이 "생득적"이지 않으며, "타고난 관념들"에 체화되어 있지 않고, 도리어 "신의 명령들"로서, 인간이 타고난 이성적 능력의 도움을 받아 정당한 이성의 규칙을 발견할 수 있음을 보이는 데 관심이 있었다고 한다. 이와 같은 발견은 모든 인간에게 동등하게 가능한 것은 아니다. 그러나 이성은 "인간성의 본질적 속성"이다. "인간이 본성에 맞추어 살 의무를 지고 있다는 도덕적 명제가 추론되는 것은 단지 인간의 본질적 본성에 관한 사실적 언명에서 비롯된다." 이렇듯 타고난 관념이나 전통 모두가 진정한 지식의 근원으로 받아들여질 수 없으므로, 자아와 신의 존재로부터 이성이 이끌어낼 수 있는 이해, 그리고 감각을 통해 얻은 지식만이 남게 된다. 감각 지식은 이성이 자연의 법칙을 이해할 수 있게 만드는 데이터를 제공하는 데 반해, 신적 계시는 자아와 신의 현존으로부터 얻은 지식을 더욱 강화한다. "세계 속에서 발견되는 질서와 아름다움을 숙고함으로써 이성은 가장 강력하고 현명하게 창조주의 현존을 추론한다." 우리가 이미 보았듯이, 그러한 추론은 《인간지성론》에서) 인간 자신의 현존으로부터 나온 증거에 의해 다시 강화된다.[124] 이러한 두 증거는, 유효하건 그렇지 못하건, 정의에 관한 로크의 이성적 사고에서 신을 필수불가결한 부분으로 만든다. 왜냐하면 정의가 인식될 때 이성이 발견하고 복종하는 법을 제정한 것이 바로 신이기 때문이다. 정의는 로크의 사유, 특히 인간과 정부에 대한 그의 모든 사상에서 중심적이며, 헌정주의에 대한 관심의 기초를 이룬다. 최근에 지적되었듯이 로크를 자주 광범위하게 읽는 독자라면 누구나 정의에 대한 일관된 관심에 강한 인상을 받게 된다. "[정의는] 매우 이성적이고, 매우 중요하며, 매우 온건하지만, 또한 매우 인간적이다."[125]

논의를 계속하기 전에, 우리는 연구가 진척되면서 최근 들어 제시된 주장을 다루어야만 한다. 이는 로크가 의도적으로 자신의 관점에 대해 독자를 속이고 있으며, 그는 실상 기독교인이라기보다는 차라리 스토아적 설득력을 갖춘 이교도 자연주의자라는 주장이다.[126] 로크가 "종교적 정통주의"에 굴복하고 있으며, 실제로 성서와 후커의 인용에 있어서 정직하지 못하다는 주장 말이다. 그러나 "자연 상태에 의해 입론의 방향을 찾으려는 로크의 의도는, 표면상, 시민사회에 선재하는 인간의 조건에 대한 성서와 후커의 가르침을 재확인하기 위한 것"이라는 명제는 인용된 구절들에 의해서는 전혀 입증되지 않는다.[127] 물론 이 구절들에 대해 로크주의의 독특한 전망과 해석이 존재한다. 하지만 그 전망은 이신론적인 함축을 가진 채로 인격신론에 토대를 두고 설득하는 기독교인의 전망이다. 그러므로 로크가 "단호하게 세속적이고 자연주의적"이라거나 그가 "정통주의"인 것처럼 "위장"하기를 원했다는 것은 입증될 수 없다. 그의 《인간지성론》에 대해 우스터 주교와 로크가 주고받은 서한들보다 이 점을 더욱 뚜렷하게 보여주는 것은 없다. 그 속에서 로크는 자신이 정통주의 사제들과 다르며, 그들보다 더욱 관용적인 입장을 취하고 있음을 완벽하게 인식하고 있다. 우리는 로크의 시대가 '정통주의적' 입장, 즉 성서에 대한 '정당한' 해석에 진정으로 부합하는지의 여부로 순수한 관심의 문제를 판단하던 시대라는 점을 잊어서는 안 된다. 내가 아는 한, 로크는 특히 《기독교의 합당성》이나 신의 현존에 대한 《인간지성론》의 증거 안에 있는 다른 많은 구절에서 기독교 전통의 인격신론-이신론적 해석에 대한 열렬한 옹호자였고, 세계와 인간을 위한 법 창조자로서 신과 신적 정의를 믿는 신앙인이었다.[128]

정의에 대한 관심은 자연의 법law of nature, jus naturale, lex naturale or naturae에 대한 로크의 교의에 체화되어 있다. 그가 적은 대로 말하자면, 정의는 훌륭한 자연법이자 모든 사회의 결속력이다.[129] 우리는 로크가 자연의 법에 대해 말할 때, 특히 정의를 철두철미하게 관련시키고자 원했다고 정당하게 상정할 수 있다. 이 자연의 법은 모든 인간이 자유롭고 평등하다는 자유의 이념과 밀접하게 결합한다. "법이 없는 곳에는 자유도 없다." 그리고 토마스 아퀴나스, 칼뱅, 후커, 그리고 알투지우스를 포함하는 오랜 전통의 연장선상에서, 로크는 필연적으로[130] 선언한다. 이 명제는 다음의 가정에 토대를 둔다. "법은, 그 진정한 관념에서, 자신의 적절한 이익을 향한 자유롭고 지적인 행위자에 대한 방향지시지 그에 대한 제한이 아니며, 법 아래 있는 사람들의 일반적인 선善을 위한 규정에서 조금도 더 나아가지 않는다." 이는 "법의 목적이 자유의 폐지나 제한이 아니라 자유의 보존과 확장인" 이유다. 해방은 '법 아래서' 자신이 원하는 것을 할 자유이고, 다른 사람들의 유사한 행위와 양립하는 방식으로 행위를 할 수 있다. 잘 알려져 있듯이 이는 칸트의 관점이기도 하다. 이런 관점에서 두 사상가는 위대한 기독교 전통의 주류에 속한다. 이제 자연의 법은 인간을 자신의 이미지로 창조하고 그 속에 이성을 부여한 신적 의지의 표현이다. 왜냐하면 인간은 이성에 의해 자연의 법을 이해하게 되기 때문이다. "그러면 인간의 자유와 인간이 자신의 의지에 따라 행동할 수 있는 해방은 인간이 이성을 가지고 있다는 점에서 비롯된다. 이성은 인간에게 법 안에서 자신을 통치할 수 있다는 것과 자신이 의지의 자유로부터 얼마나 멀어져 있는가를 알려줄 수 있다."[131] 이러한 이유로, 후커나 그 이전 시대와 마찬가지로, 자연의 법은 이성의 법이며 두 가지 모두 신의 법으로서 효력을 가지는 것으로 주장된다.[132] 따라서 자연의 법의 근원이자 정점인 정의는 모든 인간에게 가능한 대상이다. 모든 인간에게 이성이 심기어 있으므로 정의는 모든 인류의 공동 소유물이며, 스토아학파가 말하듯[133] 현명한 엘리트만이 가지는 배타적이거나 특출난 특징이 아니다. 로크의 헌정주의에 대해 토대를 제공하는 것은 앞선 헌정주의 사상가들의 경우와 마찬가지로 평범한 인간의 추론 능력에 대한 이러한 믿음이다. 그러나 현대의 헌정주의의 특징적인 모습인 인간 개개인의 독립 영역에 대한 인식과 보호는 로크, 그리고 진정으로 칸트를 통해 공개적으로 인식된다. 자유는 참여의 자유이기만 한 것이 아니라 독립의 자유이기도 하다. 이성의 법이자 자연의 법인 신의 법은 이를 옹호한다. 왜냐하면 독립의 수단을 확보하지 못하는 한 인간은 자유롭게 추론할 수 없으며, 만약 자유롭게 추론할 수 없다면 인간은 노예가 될 것이기 때문이다. 개개인의 이와 같은 독립 영역은 자유로운 종교적 신앙의 권리와 (넓은 의미로) 재산의 권리라는 두 가지 주요한 측면에서 본질적으로 조성된다. 기실, 로크는 때때로 '재산'이라는 용어를 생명과 자유, 그리고 모든 종류의 소유물을 수단으로 삼아 행복을 추구하는 것을 포함하는 의미로 사용한다. 종교의 자유에 관한 깊은 확신은 그의 전 저작[134] 중 특히 《관용에 관한 두 서한》에서, 재산권에 관해서는 초기 및 후기 저작과 특히 《시민정부론》에서 능숙하게 표현되었다. 재산권의 보호가 인간은 반드시 각자에게 각자의 몫을 주어야 한다고 요구하는 자연의 법과 이성의 법의 직접적인 결과라는 점은 대단히 중요하다.

그럼에도 불구하고 아래와 같은 구절들에서 개인의 독립성에 대한 보호는 위협에 직면하는 듯하다.

"하나의 정부 아래 하나의 정치공동체를 구성하기 위해 타인들과 동의함으로써 인간은 자신을 그 사회의 모든 구성원에 대한 복종 의무 아래 두게 된다. 이는 다수가 결정하며, 그 결정에 복종해야 한다는 뜻이다. 그렇지 않으면, 그가 타인들과 하나의 사회로 결합될 수 있었던 이 원초적 계약은 아무것도 아니게 된다. 계약은 없던 일이 된다."[135]

그러나 한편으로 로크의 관점에서 다수의 인간은 자연법에 체화된 이성에 의해 안내될 것이라는 사실을 기억하는 것이 중요하다. 자연의 법에 관한 로크의 관념과 양립할 수 없는 급진적 주의주의자의 관점을 로크에게 투사하는 데서 오해가 발생한다. 다른 한 편으로 로크의 계약에는 회피할 수 없는 유보, 즉 누구도 자신이 참여할 수 있는 권력을 갖지 못한 채 계약을 맺을 수 없다는 유보가 달려 있음을 반드시 기억해야만 한다. 스피노자와 같이 로크는 모든 실정법을 초월하는 독립 영역을 설정한다. 여기서 그가 말하는 것은 틀림없고 명료하다.

"… 입법부는 최고 권력이기는 하지만…, 인민의 생명과 번영에 관해 절대적인 자의를 행사하지 않으며, 그렇게 될 수도 없다. … 왜냐하면 누구도 스스로 가진 것보다 더 큰 다른 권력을 행사할 수 없기 때문이다. 또한 누구도 자신의 생명을 없애거나 타인의 생명 또는 재산을 없애는 절대적으로 자의적인 권력을 자신이나 타인에게 행사할 수 없다. 이미 입증되어온 것처럼, 인간은 다른 인간의 자의적 권력에 자신을 굴복 시켜서는 안 된다. …"(CG, II, 135).

달리 말해, 입법권은 적절한 한계 내에서 강력하게 행사되어야 함과 동시에 언제나 공공선에 국한되어야 한다. 입법권은 "신민을 파괴하거나, 노예화하거나, 계획적으로 가난하게 만드는 권한을 결코 가질 수 없다". 로크는 어떤 형태의 정부에 대해서든 그렇게 주장할 수 있을 것이다. 그는 명시적으로 최고 권력이 "하나 또는 여럿"에 놓이는지 또는 항상적인지 아니면 간헐적으로 작동하는지는 문제가 아니라고 말한다. 어떠하든지 간에, 이 최고 권력은 법의 형태로 작동해야 하며, 결코 "즉흥적이고 자의적인 법령들"에 의해 지배해서는 안 된다. 최고 권력은 "정의를 시행"해야만 한다. 이는 법률이 반드시 "공포되어야 하고", "유효해야 하며", 그것을 적용하는 법관들에게 "알려져 있어야 하고", "권한을 위임해야 한다"는 뜻이다. 이와 같은 매우 규범적인 진술들과 함께 로크는 아퀴나스와 알투지우스의 전통을 이어간다. 그에 의하면 오로지 법에 따른 정부만이 정치질서다. 절대적으로 자의적인 권력은 사회와 정부의 "목적"에 부합하지 않으며, 사람들은 이를 위해 자연 상태의 자유를 결코 포기하지 않을 것이다"(CG, II, 137). 사람들이 그렇게 하는 이유는 오로지 "자신의 생명과 자유와 번영을 유지하길" 바라기 때문이다. "규

정된 규칙들"은 "그들의 평화와 평온을 확보하기 위해" 필요
하다. 따라서 최고 권력은 "어떤 사람의 동의 없이 그의 재산
의 어떤 부분도 그에게서 취할 수 없다". 로크는 곧바로 "입
법부가 전체로든 부분으로든 가변적인 의회 안에 존재하는
정부에서는 그와 같은 자의적 행위가 아주 커다란 공포의 대
상이 되지는 않는"다고 지적한다. 요컨대 좋은 정부는 입법
권을 분리하고, 입법과정에 참여하는 사람을 "나머지 사람들
과 동일하게 주기적으로 국가의 보통법의 적용 대상이 되는"
일반 시민 자격에 돌아오게 한다. 말할 것도 없이, 그와 같은
입법권의 분리는 입법부를 '견제와 균형'의 대상이 되도록
하는 점에서 헌정주의의 정수이다. 인격과 재산의 보호를 위
해 통치권의 행사에 정규적인 제한을 두는 것은 정의에 대한
로크의 초월적 믿음이 낳은 결과이다.

　이러므로 그와 같은 보호의 핵심 조건은 헌법 정부의 확립
이다. 정의롭고 자애로운 신의 합리적인 의지에 초월적으로
뿌리박은 정의는 인간 본성의 진정한 질서다. 이 질서는 우
연적인 확신의 결과로 발전되는 것이 아니라 사람이 자신의
법, 즉 자연의 법과 이성의 법에 대해 스스로를 일치시킴으
로써 확보되는 것이다.[136] 정의를 실현하기 위해서는 인간이
우리가 방금 지적한 것보다 더욱 정치적인 의미에서 자유로
워야 한다. 왜냐하면 자유는 오로지 헌정질서의 맥락 안에서
만 가능하기 때문이다. '국가Commonwealth'라는 용어를 그와

같은 헌정주의에 국한하기를 원했던 정치가들과 반대로[137], 로크는 마치 라틴어 키비타스civitas처럼 그 용어를 정치질서의 종류에 상관없이 사용한다. 그러나 정치질서의 확실한 관념 자체는 규범적으로 헌정주의의 방향 내로 국한된다. 오로지 법에 따른 정부만이 허용될 수 있다. 절대적으로 자의적인 권력은 폭정이다. 토마스 아퀴나스와 알투지우스처럼 로크는 폭정을 "권한을 넘어선 권력의 행사"(CG, Ii, 199)로 매우 넓게 규정한다. 그리고 이러한 진술은 다시 누군가가(이는 인민들의 의회일 수도 있다) 자신의 권력을 "그 통치 아래 있는 사람들을 위해서가 아니라 자신의 특수한 사적 유익을 위해" 사용하는 것을 의미하도록 다듬어진다. 이러한 연계 속에서 로크는 다시 한번 의지와 법, 즉 이성을 나란히 놓는다. 이로써 로크는 초월적 정의의 위대한 전통 속에 머무른다.

요컨대 인권의 관념은 자연법에 체화된 것으로서 정의에 관한 로크의 초월적 관념에 긴밀하게 연결되어 있으며, 그 속에서 제도적으로 표현된다는 것이다. 이는 권리와 법에 관한 홉스의 논거를 평가하는 데 실패한 결과인가? 일반적으로 홉스는 자연법과 자연권의 차이를 맨 처음 명시적으로 명확하게 만든 인물로 간주된다. 유명한 명제에서 그는 "유스Jus와 렉스Lex, 권리right와 법law을 혼동하는" 사람들에 대항하여 주장하기를, "그것들이 반드시 구분되어야 한다"고 지적했다. "권리는 무엇을 하거나 가질 수 있는 자유인데 비해, 법은 그중에 하나를 확정하고 결부시키는 것이기 때문이다."[138] 그러나 모든 사물에 대한 인간의 권리는, 심지어 동료 인간들에 대한 지배까지도, 권력의 결여로 인해 제한된다. 인간은 안전과 평화를 확보하기 위해 정치질서, 즉 국가에 들어간다. 이 과정에서 인간은 특정한 개인이나 집단에게, 물리적 생존이라는 의미에서 생명의 권리를 제외한 어떠한 다른 권리도 유보하지 않은 채, 조건 없이 자신의 모든 권력을 위임한다. 만약 물리적 생존이 주권자에 의해 위협을 받는다면, 인간은 애초의 조건으로 돌아와 아마도 자신의 모든 권리를 다시 요구하게 될 것이다. 그러므로 홉스를 적절하게 이해할 경우 권리는 존재하지 않으며, 오로지 국가가 존재하고, 주권자가 존재할 뿐이다. 그러나 만약 단순히 논의의 출발점으로서 홉스의 원초적 규정을 채택한다면, 헌정질서, 특히 헌법 속에서 권리는 법에 의해 규정된 '자유'로 나타난다. 진정으로 홉스주의적인 출발점은 역사적 진화 과정이 보여주듯 권리와 해방과 자유의 근원적인 유사성을 논증할 수 있는 공통적 근거이자 적합한 토대를 제공한다. 절대적 권리, 즉 어떠한 정치질서에서든 독립할 수 있는 권리는 오로지 전능한 존재에 의해서만 소유될 수 있다. 심지어 주권자라고 할지라도 신민들의 동의로[139] 주권자에게 부여했을 때만, 전쟁과 평화, 입법, 사법 등 주권에 관한 권력을 가질 수 있다. 좀 더 개별적으로 재산권은 정치적으로 확립된 주권에 의해 만들어지는 법들의 소산으로 이해된다. 그러나 홉스는 "각 개인이 자신의 권력을 자신의 본성을 보존하기 위해 자신의 의지에 따라 사용하는 자유"로 자연권을 규정하는 까닭에, 인간이 국가라는 공동의 정치질서에 한번 들어가면, 자기보존권을 제외한 어떤 것도 자연권으로 고려할 수 없다.

존 로크는 매우 다르게 말한다. 그 역시 자기보존권에서 출발할 수도 있다. 《시민정부론 제2권》의 유명한 구절에서 그는 인간이 "권력을 가지고 할 수 있는 무언가"를 포기한 것으로 가정되어서는 안 된다고 주장한다. 따라서 인간은 "이 자기보존이라는 근본적이고, 신성하며, 변하지 않는 법"을 보존할 수 있는 권리를 가진다.[140] 피상적으로 로크의 위치는 홉스와 다르지 않은 것처럼 보인다. 그러나 여기에는 자아에 대한 다른 관념에 관련된 거대한 차이가 존재한다. 홉스에게 자아는 자신의 폭력적 죽음을 두려워하는 인간의 육체적 현존 이외에 아무것도 아니다. 반면 로크는 자아를 인간의 자유 및 그의 모든 소산을 포함하는 재산에서 명백하게 드러나는 영적인 현존을 포함해 이해한다. 이런 이유로 자기보존권은 1689년 권리장전이 구체화한 모든 권리에 파급되었고, 그 헌법은 이러한 권리들의 보루가 되었다. 왜냐하면 헌법이 정부의 권력을 규정하고 확립된 권력 중 어느 것도 "적극적인 허가나 위임된 권한을 넘어서는 어떠한 권위도" 갖지 못하게 만들었기 때문이다. 만약 그중 어떤 권력이 이러한 권리를 침해한다면, 이는 강제적으로 제거되어야만 한다. "모든 상황과 조건 속에서 권위 없는 권력에 대한 진정한 해결책은 그에 대해 다른 권력이 대항하도록 만드는 것이기" 때문이다. 인간의 기본적 권리들에 대한 이와 같은 강경한 주장의 근거는 "권위 없는 권력의 사용은 언제나 그 권력의 사용자를 침략자로서 전쟁 상태에 밀어 넣고, 그에 따른 책임을 지도록 만든다"는 것이다(CG, II, 155). 권리의 불가침성을 말할 수 있는 것은 이런 의미에서다. 권리의 행사는 저해될 수도 있고, 그래서 사람들이 권리를 행사할 수 없음을 발견할 수도 있다. 그러나 그들의 권리는 동일하게 남아 있는 것이다.

로크가 헌정주의 교의, 특히 권력분립의 구체화를 안출했던 방향으로 더 나아갈 필요는 없을 것 같다. 이에 관해서는 몽테스키외의 변형된 합리화가 제공하는 익숙한 근거가 있다. 로크는 권력분립을 독립된 사법권의 분립에 앞서 영국 헌정주의 전통의 보편적인 일반화로서 제시한다. 그러나 이 문제는 지금 다루고 있는 주제와는 다른 것이다. 칸트와 그 너머의 최종단계로 넘어가기 전에, 우리는 초월적 정의의 종교적 기초를 철학적으로 근거 지우기 위해 로크의 정치철학이 체화한 공헌을 명시적으로 말하는 게 좋을 것이다. 핵심은 신성의 인격신론적 관념이다. 정의의 중요한 원천으로서 계시가 인식됨에도 불구하고, 강조점은 이성으로 옮겨졌고,

기독교의 합당성에 초점이 놓인다. 신의 현존은 인간의 이해에 의해 증명 가능하고, 기독교의 합당성은 핵심적으로 그리스도가 메시아라는 신앙의 유일한 조목으로 요약된다. 비록 정통주의를 떠난 것은 한참 나중이나, 프로테스탄트 기독교의 이 합당한 변형 속에서 관용의 교의가 신앙의 잔여 조항으로 등장했다. 관용의 교의 위에서 교회와 국가의 분리가 발생하고, 이는 다시 헌법적으로 보호되는 종교의 자유로 구체화된다.[141] 그와 같은 자유는 출발 단계에서 중요한 제한이 주어지기도 한다. 우리가 알투지우스에서 발견했던 무신론자의 배제는 로크에서도 유지되고 있다. 캐롤라이나 기본 헌법에서 우리는 "하나님을 인정하지 않거나 하나님을 공적으로 경배하는 것을 인정하지 않는 사람은 누구도 캐롤라이나의 자유민이 되거나 그 속에 토지 또는 주택을 가지는 것이 허용되어서는 안 된다"라는 조문을 읽는다.[142] 이러한 진술은 《인간지성론》이나 다른 곳에 나오는 로크의 신에 대한 논의와 마찬가지로 그 관점의 정확한 본질에 관한 실마리를 주지 않는다. 최근 학식을 갖춘 한 전기 작가가 우리에게 다음과 같이 말한 바 있다.

"로크는 언제나, 그리고 본질적으로, 깊은 신앙심을 가진 사람이었다. 이 사실은 그가 정통주의 종교를 공격하는 데 대단한 에너지와 시간을 쏟는 바람에 때때로 음미되지 못하고 있다. 그의 종교는 영국국교회의 광교회주의廣敎會主義(자유관용주의)파였다. 그의 신조는 짧지만, 그는 그것을 최고도의 확신을 가지고 지지했다. 광교회주의는 일차적으로 최소한의 신조를 가진 종교였다. 그 대표자들은 하나 또는 두 개 이상의 기독교 교리에 특별하게 도전하지 않았다. … 그러나 그들은 하나 또는 두 개 이상의 교리에 특별하게 동의하지도 않았다. 그들은 대부분의 교리가 터 잡은 기초를 무너뜨렸고, 그다음에는 신중하게 침묵을 지켰다."143

이와 같은 평가 전체를 받아들이건 말건, 로크는 이신론자보다는 인격신론자였다고 말할 만하다. 이 문제가 완전히 해결될 수 있을지는 의문이지만 《인간지성론》이나 다른 곳에는 이러한 결론을 뒷받침하는 진술이 여럿 존재한다.

그렇지만 오늘날에는 이신론을 17세기와 18세기의 운동으로 이해하는 더욱 역사적인 관점이 있다. 이 관점에서 보면 이신론은 계시종교에 대비해 합리성을 강조하면서 합리적인 기독교 교리와 종교에서 이성의 역할을 점점 더 강조한다. 광교회주의는 그렇게 이해된 이신론과 중요한 연결고리를 갖고 있다. 벤자민 위치고트(1609~1683)는 이 점에 초점을 맞춘다. "종교만큼 내재적으로 합리적인 것은 아무것도 없다. 어떤 것도 종교처럼 스스로를 정당화할 수 없다. 어떤 것도 스스로 천거하는 순수한 이성을 갖고 있지 않다."144

이성이 효과적으로 작동될 것을 기대할 수 있는 '한계'를 비판적으로 검토하고 규정하는 작업에 착수했을 때, 칸트는 합리주의적인 종교의 이성에 대한 무제한적인 믿음에 반감을 품었다.[145] 그의 철학, 즉 '비판적 합리주의'(나는 이것이 "관념주의"보다 그의 입장을 더욱 잘 보여준다고 주장해왔다)는 헌정주의의 토대로서 초월적 정의의 교의에 마지막 정식화를 제공했다. 칸트는 양심을 의지의 방향으로 국한한 가장 뜻깊은 문장에서 "행위가 옳은지 그른지는 양심이 아니라 이성 Verstand에 의해 판단되어야 할 문제"라고 말한다.[146] 양심은 스스로 도덕적으로 판단하는 능력이다die sich selbst richtende moralische Urteilskraft. 양심의 소리를 경청하는 것은 의무다. 이러한 관점에서 종교적 박해는 힐난의 대상이 된다. 왜냐하면 그것은 얼마간 의심이 허용된 문제에 관해 다른 사람을 비난하는 양심의 결여인 까닭이다. 그럼에도 신은 존재한다. 칸트는 초기 작품에서 다음과 같이 말했다.

"우연적인 사태의 경험은 신의 현존을 입증하는 충분한 근거를 제공할 수 없다. 신의 부재는 불가능하다. 신의 현존과 다른 사물들의 현존의 차이는 완전한 무無만이 신의 현존을 부정한다는 점에서 찾을 수 있다. … 만약 우리가 [이 증거를] 믿지 않는다면, 그때 우리는 이 울퉁불퉁한 오솔길을 떠나 인간 이성의 대로大路로 옮겨가게 된다. 누구에게나 신의 현존

을 확신하는 것은 매우 필수적이지만, 이를 입증하는 것이 동
등하게 필수적이지는 않다."[147]

그렇다면 어떤 길을 통해서 우리는 정의에 다다를 수 있
는가? 다시 말해 무엇이 옳은지에 관한 확실한 판단을 어떻
게 가질 수 있는가? 정의가 없으면 권리(옳음)도 없으며, 공
공성이 없으면 정의도 없다. "모든 권리 주장은 공적으로 승
인될 수 있어야만 한다." 그리고 그러한 권리의 정당성을 검
증하기 위해 칸트는 초월적 공식을 제안한다. "타인들의 권
리와 관련된 모든 행위는 그 준칙이 공공성과 양립할 수 없
을 때는 정의롭지 못하다." 그러나 이것만이 유일한 기준인
가? 무엇이 옳은지를 결정하기 위해 노력하게 만드는 다른
근거는 없는가? 칸트는 도덕이 종교로부터 독립적이라고 믿
는다. 그가 실천이성비판에서 주장[148]했듯이, 도덕은 인간의
자유로부터 직접 도출된다. 칸트의 주장은 그가 순수 실천
이성의 "기본법"이라고 부르는, 유명한 '정언명령'에서 정점
에 달한다. 이에 따르면 인간은 그 의지의 준칙이 보편적 입
법의 원칙으로서 유효하게 고려될 수 있는 방식으로만 행위
를 해야 한다. 그러한 '법'에 함축된 '형식주의'의 확장된 비
판을 넘어서면서[149], 우리는 그러한 법이 구체적인(실제적) 고
려와 상관없이 오로지 의지 속에서 발현되는 자유에 대한 믿
음에서 비롯된다는 점을 반드시 주의해야 한다. 나아가 칸트

는 여전히 다음과 같은 점을 인식하고 있다. "순수 실천이성의 목표이자 최종 목적인 최고선의 개념에 의해 도덕법칙은 종교에 이르게 된다. 종교란 모든 의무를 신적 명령으로 이해하는 것이다." 이러한 신적 명령은 이미 언급된 것처럼 "외부적 의지"에 따른 자의적 질서가 아니라 도리어 모든 자유의지 그 자체를 위한 법이다. 그럼에도 이 법은 최고 존재의 명령으로 간주되어야 한다. 왜냐하면 우리는 오로지 도덕적으로 완전하고, 성스러우며, 자비심이 많고, 전능한 최고선의 의지로부터만 최고선을 확보하리라 희망할 수 있기 때문이다. 도덕법칙은 인간에게 최고선을 모든 행위의 목표로 삼아야 한다고 요구한다. 인간은 성스럽고 자비심이 많은 창조주의 의지에 자신의 의지를 일치시키지 않은 채로 최고선을 성취하리라고 기대할 수 없다. 인간의 고유한 행복은 도덕적 완전성의 가장 위대한 척도로 이해되는 최고선 안에 포함된다. 그러나 자신의 행복이 아니라 도덕법칙이 인간의 의지를 결정해야만 한다. 이러한 연계 속에서 형식주의가 덜한 정언명령의 초기 공식을 환기하는 것이 바람직하다. 이는 법의 지배와 헌정주의를 따르는 정부를 옹호하는 칸트의 다음 발언과 밀접하게 연결된다. "그대의 인격이든 타인의 인격이든, 그대가 다른 사람을 대우하는 바로 그 방식으로 행동하라. 언제나 목적으로서 대우하고 단순히 수단으로 대우하지 말라."[150] 여기에는 모든 인간의 자율성과 존엄에 대한 강조가 함축되어 있다. 이는 법의 결정에 있어서 모든 시민의 참여를 보장하지 않는 어떤 형태의 정부도 의심하도록 만든다. 오로지 그와 같은 참여만이 인간에 대한 도구적 남용으로부터 인간 자신을 지킬 수 있다. 정언명령은 인간의 도덕적 판단을 실제의 보편적인 입법으로 해석함으로써 권고적 형식 속에서 하나의 토대를 마련한다. 만약 대다수의 사람이 실제 입법에서 도덕적으로 행동한다면, 그들의 의지가 실제로 일치하게 될 것이다. 따라서 무제한적 권력 집중을 함축하는 루소의 당혹스럽고 본질적으로 반헌정주의적인 일반의지라는 원리는 이를 구성하는 개별 의지들의 일치에 의해 합리적인 헌정권력으로 변형된다. 그러나 불행하게도 이러한 해결책은 오로지 규범적으로만 적용된다. 다시 말해 모든 인간이 정언명령에 맞게 행동한다는 전제 아래서만 적용된다. 인간은 오로지 간헐적으로만 그렇게 행동한다. 하지만 칸트의 이론이 적용되는 한 이 점은 칸트에게 그다지 문제가 되지 않는다. 왜냐하면 그의 전체적인 논지는 이론적인 것과 실천적인 것의 구분, 즉 존재is와 당위ought, 현상phenomena과 규범noumena, 사실과 가치의 구분에 의존하기 때문이다. 이 두 영역은 심히 별개여서 어떠한 판단으로도 연계할 수 없는 것처럼 보인다. 기실 칸트는 유기적 실존 및 유기체의 기능과 창조성에 관한 이론, 곧 목적론을 가지고 그러한 간극을 메우려고 했다.[151] 이는 엄격하게 결정되지도 않고 완전히 자유로운 것도 아닌 상황 속에서 '판단'을 활용하는 것에 대한 비판적인 평가다. 목적론적인 판단은 명백히 목적에 관련되며, 그와 같은 목적의 탐색은 인과관계가 지배하는 감각의 세계에서 자유가 어떻게 실현되는지에 관한 이해를 통해 자유의 영역과 필요성의 영역을 연결하는 통찰을 가져온다. 목적의 탐색은 인간이 자신에게 의무를 부과하도록 만드는 자유의 외관적 모순에 대한 이해도 가져온다. 오로지 그러한 이해만이 권리와 의무의 상호의존으로서 헌정적 자유의 의미를 완전하게 파악할 수 있도록 한다(제5장을 보라).

이와 같은 '간극의 메움'에도 불구하고 칸트는 두 종류의 명제 사이의 구분, 즉 기술적인 것과 규범적인 것의 구분이 존재론적 차원을 가지고 있다고 주장한다. 자연인의 필연적 세계와 도덕인의 자유의 세계라는 두 개의 분리된 세계가 가정되는 것이다. 법과 정의는 물론 후자의 일부이다. "법의 개념은 순수한 것이지만 실천을 지향하게 되어 있으므로, 다시 말해 경험적으로 일어나는 사건들에 적용되어야 하므로, 법의 형이상학적 체계는 사태의 경험적 다면성을 설명할 수 있어야 할 것이다." 이것이 불가능하므로 사람들은 오로지 원리만을 발전시킬 수 있을 뿐 도덕의 일부로서 완전한 법체계를 발전시킬 수는 없다.[152] 칸트는 그와 같은 도덕 형이상학을 가지는 것을 모든 사람의 의무로 생각하면서, "대개 희미한 모습이나마" 모든 사람이 실제로 이를 가지고 있다고 믿는다. 그러나 칸트는 윤리 규범과 법규범을 구분한다. 여기서 윤리 규범은 우리가 보아왔듯이 양심이나 '내적 공간'에 존재한다. 양심과 달리 모든 행위는 법에 따르는 의미에서 법적이다. "법의 이론과 덕성의 이론은 상이한 의무들로 구분될 수 없다. 오히려 입법의 차이에 의해서 구분된다…." 그러나 양자는 구분되더라도 완전히 분리되지는 않는다. 칸트는 법이론의 중심에 "최고의 도덕법칙", 즉 정언명령을 둔다. 그러므로 법은 정언명령을 가진 규정이다. 또는 더 정확하게 말하면 법은 정언명령을 지키면서 정언명령에서 나온 명령을 함유한다. 총체성으로서의 법은 그러한 명령을 모두 포괄한다. "그러므로 법은 그 아래서 특정인의 자의적인 선호가 다른 사람의 자의적인 선호와 자유의 보편법칙에 따라 공존할 수 있는 조건들의 총체[Inbegriff]다." 정의는 내적 입법과 외적 입법을 연결하는 개념이다. 자연법과 이성으로 이해된 정의의 이념을 표현했던 로마법의 삼자관계는 칸트 법이론의 출발점을 이룬다. 칸트에 따르면 이러한 원리들은 법의 무가 내적 의무와 외적 의무로 구분되는 것과 그중 하나에서 다른 하나가 도출되는 것을 알려준다. 그러나 그 중심에는 타인의 자의적인 결정(강제)으로부터의 독립으로 이해되는, 타고나는 자유의 권리가 존재한다. "그것은 그가 인간이라는 바로 그 힘으로 이성에 의해 각 사람에게 귀속되는 단 하나의 유일한 권리이다."[153] 이 자유의 권리와 자유의 법으로부터 법의무가 흘러나온다. 첫째, 인간으로서의 존엄과 정직을 유지하는 것. 이는 '정의로운' 법lex justi이다. 둘째, 누구에게도 불법행위를 하지 않는 것lex juridica. 최종적으로 모든 사람이 타인과의 관계에서 각자의 몫을 확보하는 그와 같은 관계 Zustand 속으로 들어가는 것lex justitiae. 이러한 법, 특히 세 번째 법, 즉 정의에서부터 칸트는 나의 것과 너의 것의 구분을 이끌어낸다. "합법적이고 정의로운 나의 것meum juris이란 그것에 내가 아주 밀접하게 묶여 있어 타인이 내 허락 없이 그것을 사용하면 나를 해치게 되는 그러한 것이다. 소유는 그와 같은 사용의 가능성을 가진 대상을 제공한다." 이 이론이 로크의 이론과 매우 닮아있다는 것은 이미 명백하다. 그러나 이신론적인 종교적 계류장에서 독립했다는 추정은 착각이다. 왜냐하면 외적 의무는 내적 의무에 포섭되고, 내적 의무는 사람의 인간성으로부터 나오며, 인간 자신은 신의 피조물이고 그가 가지는 단 하나의 유일한 기본적 권리인 자유는 신적 섬광을 드러내기 때문이다. 칸트의 심오한 종교적인 접근은 《실천이성비판》의 결론에 나오는 유명한 외침 속에 특징적으로 나타난다. "두 가지가 언제나 새롭고 점점 더 커지는 놀라움과 경외감으로 마음을 채운다…. 저 위 하늘의 별들, 그리고 인간 내면의 도덕법칙."[154] 이 도덕법칙은 주의 깊은 과학적 탐사의 대상이 될 수 있다. 과학적 탐사는 하나의 인격으로서 인간의 본래적 가치를 드러낼 수 있을 것이다.

인간의 자율성과 가치에 대한 이와 같은 주장은 모든 사람의 참여를 제공하지 못하는 어떠한 형태의 정부라도 의심하도록 한다. 이 장에서 우리의 분석을 시작할 때 칸트가 말했던 것을 되풀이해보자. "헌정질서의 이념은 신성하며 저항할 수 없다. 이는 모든 사람에게 실천이성이 동시에 부과하는 절대적인 명령이다. 실천이성은 법과 권리의 개념에 따라 판단한다[Rechtsbegriffe]." 그러한 헌정질서는 공화제의 '경향'을 가지지만, 군주제적일 수도 있다. 군주제적 헌정질서는 유추에 의해 존재한다. 이러한 유추는 인민이 권리와 법의 일반원리에 따라 행동한다면, 인민이 스스로 부과했으리라고 유추되는 법들에 의해 통치가 이루어지는 것을 말한다.[155] 군주제일지라도 그것은 법에 따른 정부이며, 헌법이라는 기본법이 그 토대가 된다. 여러 상이한 맥락에서 칸트는 "모든 사람의 의지가 모든 법의 원천이다" 그리고 "특정인을 고려하지 않는 인민의 일반 의지가 모든 정당한 법의 기초가 되어야 한다" 또는 "국가는 스스로를 통치하는 인민이다"라는 명제로 되돌아오고는 했다. 다른 모든 사람의 자유와 공존하면서, 각 사람의 자유라는 입장에서 규정된 정의는 명백하게 오로지 헌정질서 속에서만 실현될 수 있는 것으로 보인다.

생존의 문제와 관련해 칸트의 주장인 헌정질서로 제도화되는 자유의 도덕법칙에 대한 절대적 요구를 검토해보는 것은 흥미로운 일이다. 그러한 헌정주의적 '국가이성'은 도덕법칙의 명령과 긴급상황의 요구 사이의 갈등에 부딪혀 압박과 긴장의 시기 동안 헌법적 도덕을 강화시키는 경향이 있다. 고전적인 자연법 교의의 잘 알려진 원리인 '약속은 반드시 준수되어야 한다pacta sunt servanda'라는 규칙을 생각해보자. 언젠가 스피노자는 "약속은 오로지 효용에 의해 유효하게 되며 그것 없이는 무효가 된다…. 모든 사람은 본래 다른 사람을 속이려고 행동하며 자신이 맺은 약속을 깨뜨릴 권리를 가지고 있다"[156]고 썼다. 인간은 어떤 형식으로도 거짓말할 권리를 가질 수 없다고 주장하는 칸트보다 이 문제에 관해 더 강경한 입장은 없다. 그와 같은 준엄한 초월성을 견지하면서, 칸트는 '약속은 반드시 준수되어야 한다'라는 규칙이 정언명령에 근거해 유효하다고 논증하고자 한다. 왜냐하면 그 반대 입장은 확실히 보편적인 입법의 원칙에 부합할 수 없기 때문이다. 그러나 이러한 일반 규칙은 더욱 일반적인 자기보존이라는 규칙, 다시 말해 헌정질서 자체의 안전과 보존이라는 규칙에 종속될 수 있다. 이는 앞의 규칙에 대한 거부를 의미하는가? 전혀 그렇지 않다. 오히려 약속의 존엄성 그 자체가 헌정질서의 보존에 연결된다. 헌정질서는 법에 따른 통치로서 법에 대한 철저한 준수가 없으면 존립할 수 없으며, 헌정질서의 성공은 그러한 준수와 같은 의미이다. 칸트는 그의 급진적인 도덕주의를 연장하여, 만약 어떤 일련의 행위가 옳다면 그로부터 잠재적으로 계속해서 비슷한 행위가 발생할 개연성을 추정할 수 있다고 말하려는 경향이 있다. 약속은 반드시 준수되어야 하므로 평화는 반드시 조직되어야 한다. 그는 1784년에 "더욱이 시민적 자유는 오늘날 제약할 수 없는데, 이는 모든 분야에 걸친 이와 같은 제약이 가져오는 불이익 ··· 그리고 결과적으로 일어나는 힘의 감소를 국가가 깨닫게 되는 까닭이다. ···"157라고 썼다. 이런 이유로 심지어 "전쟁도 궁극적으로는 매우 의심스러운 기획이 될 것이다. ··· 다른 국가들은 그 스스로에 대한 위험의 강권에 못 이겨 중재 역할을 제안하게 될 것이다. ··· 그리하여 과거에는 선례가 없었던 위대한 정치공동체가 미래에 진척될 것이다. ···". 헌정주의 국가이성의 궁극적인 모습은 세계 헌법, 즉 법 아래 있는 보편적 연방 체제이다. 이러한 결론은 만약 안전과 생존의 문제가 헌정주의의 맥락에서 해결된다면 논리적으로 도출되는 것이다.158 이는 헌정주의를 하나의 발전 모델로서, 그리고 정언명령의 파생 원리의 제도적 완성으로서 미래를 향하여 투사한다. "미래에는 전쟁이 없을 것이다." 다만 자유 속에서 정의를 위한 초월적 근거가 부인된 다음에도 이렇게 주장할 수 있을 것인지는 또 다른, 열린 문제이다.

제5장

권리, 해방, 자유:
헌정주의의 인본주의적 핵심[*]

* 이 장은 *American Political Science Review*, 1963에 "Rights, Liberties, Freedoms: A Reappraisal"로 실린 논문의 수정판이다. 〔이 장의 영문 제목은 Rights, Liberties, Freedoms: The Humanist Core of Constitutionalism이며 1967년에 마리아네 칼로우Marianne Kalow가 저자와 협업해 번역한 독일어판(Christliche Gerechtingkeit und Verfassungsstaat, Springer Fachmedien Wiesbaden GmbH)에서는 제목의 앞부분을 Grundrechte, Bürgerrechte, Frieheiten로 옮기고 있다. 이를 고려하면 장 제목을 '기본권, 시민권, 자유' 정도로 하는 것도 좋겠으나, 앞 장들과 연결되는 저자의 강조점, 즉 자유로부터 초월적 정의를 향한 근거를 발견하려는 서구의 전통이 현대 미국에서 부인되고 있음에도 불구하고 권리→해방→자유의 변증법이 여전히 그 요청을 담고 있다는 주장을 고려해 의역의 위험성에도 불구하고 '권리, 해방, 자유'로 번역했다.〕

미국 헌법의 기초자들이 필라델피아에서 미합중국의 기본 헌장을 기초했을 때, 자연권의 이념은 이미 확고하게 심겼다. 1689년 영국의 선언(권리장전)에서 광범위하게 제안되었던 내용은 몇몇 아메리카 식민지의 헌법 속에 체화되었다. 원래의 헌법은 헌정 권력을 인민주권으로 이해하는 지역적 확인에 부분적으로 경의를 표했지만, 또한 자연권의 결정적 중요성을 완전히 파악하지 못한 까닭에, 고래古來의 절차적 권리들 일부(영장제도, 청원권, 배심제도)를 제외한 많은 권리를 생략한 채 마련되었다. 하지만 헌법은 반드시 권리장전을 가지고 정부에 대항하는 개인을 보호해야 한다는 확신이 일반적으로 공유되고, 프랑스대혁명에 의해 그러한 생각이 더욱 강화되면서, 이를 위한 조문들이 즉시 부가되어야만 했다. 그 이후 헌법문서는 거의 언제나 그와 같은 권리장전을 포함하게 되었다. 프랑스 제3공화국의 경우에는 특기할 만하게도 위대한 뒤기가 이를 논박하기도 했다. 그에 따르면 그와

같은 권리장전이 없더라도 1789년의 헌장은 유효한 법으로 간주되어야 한다.[159]

소위 헌정주의의 종교적 요소, 즉 앞의 장들에서 스케치했던 초월적 정의의 관념은 이러한 권리장전들 속으로 증류되어버렸다. 왜냐하면 권리들이 인간 본성의 표현으로 여겨진 까닭에 '자연적인' 것으로 간주되었기 때문이다. 인간 본성에 대한 이와 같은 관점은 심지어 토마스 페인이 제안[160]한 것처럼 대단히 세속적인 인간관에 체화되었을 때조차도 기독교 윤리에서 파생된 것이었다. 그러므로 특히 미합중국에서 18세기 이래 인권 관념의 진화를 탐색하는 것은 이 에세이의 적절한 결론이라고 여겨진다.[161]

영어는 이러한 진화를 권리, 해방, 자유라는 세 용어로 반영한다. 17세기에서 18세기를 거쳐 전승되었으며 "생명, 자유, 그리고 재산"(이는 행복추구[162]를 포함하는 것으로 확대되었다)이라는 로크의 정식으로 요약되는 자연권은, 되풀이하건대, 정부의 권력에 대항해 개인의 자유를 보호하는 데 주로 관심을 가졌다. 모든 개인은, 특히 종교적 신앙과 재산에 대하여, 더욱 개인적인 (사적) 자율성의 영역을 부여받았다고 여겨졌다. 기본적인 자기실현과 자기완성에 있어서 모든 개인은 내적 인간이자 외적 인간이었다. 이러한 권리들은 다시 더욱 핵심적인 권리인 생명권에 의존했다. 물리적 생존과 신체적인 위해에 대항하는 보호의 관점에서 자아 그 자신에 대한 권리를 말하는 것이다. 이 생명권은 심지어 토마스 홉스 같은 절대주의자들에 의해서도 인정되었다. 그것은 변경할 수도, 양도할 수도, 침해할 수도 없는 것으로 믿어졌다.

19세기에 들어선 후로 그러한 권리들이 절대적이거나 불변이지 않다는 사실은 점점 명백해졌다. 앞선 시대의 합리주의적 신념에 역사적 관점이 부가되자, 권리는 헌법적으로 창설되고 보장되는 것으로 인식되었다. 상이한 '권리장전'의 비교는 그러한 권리들이 시대와 장소에 따라 변화한다는 확신을 더욱 강화했다. 권리장전의 채택은 단순히 권리를 인정하는 행위로만이 아니라 이를 형성하고 확립하는 행위로도 인식되게 했다. 확실히 이와 같은 관점은 영국 혁명과 프랑스 혁명이 혁명적 요동의 정점에 있을 때 어느 정도 기대되었다. 정부에 대한 시민들의 참여가 혁명의 시발점에서부터 결정적인 요구였음은 물론이다. 따라서 자연권은 점차 시민의 행동 범위인 '시민적 자유'로 변형되었다. 물론 이러한 변형은 민주화의 진척과 밀접하게 연결되어 있었으며, 그러한 권리의 분류에 특기할 만한 변화가 일어났다. 예를 들어 투표권과 공무담임권 및 공적 정책형성 과정에 참여할 권리가 점차 인정되었고, 비특권층과 여성에게 확대되었다. 종교의 자유는 사상과 양심의 자유로 확대되었고, 학문의 자유, 즉 가르치고 배울 자유는 심지어 독일이나 오스트리아-헝가리처럼 정치 참여가 제약된 국가에서도 인정되었다. 선진 민주

국가에서는 때로 일반적 표현의 자유로 요약되는 언론·출판·집회·결사의 자유처럼 정치적 기능상 시민참여를 더욱 촉진하는 권리가 전면적인 주목을 받았다. 반면 강력한 사회 통제와 경제 권력의 집중을 제한할 필요성이 광범위하게 대두한 탓에 재산권은 제한과 한계의 대상이 되었다.

진보 세력이 강력하게 옹호한 이러한 시민적 자유들은 종종 전미시민자유연맹ACLU(the American Civil Liberties Union)과 같은 집단을 만들어낼 만큼 개인이나 개인적 이익을 초월하는 것처럼 보인다. 전미시민자유연맹은 스스로를 보호할 수 없거나 그럴 용의가 없는 개인들을 보호하기 위해 조직적인 지원을 제공했다. 시민적 자유는 사회적 효용의 용어로 자유지상주의의 교의를 진술한 고전인 존 스튜어트 밀의 《자유론》과 같은 저술의 핵심 주제다. 넓은 의미에서 자유주의는 시민적 자유 및 그 헌법적 보호 필요성을 믿는 것이다.163 물론 이러한 믿음은 무척이나 다양한 정치적, 경제적, 사회적 이슈들과 결합되었다. 따라서 마르크스가 의도했듯이 이러한 권리들을 계급적 이익을 위한 합리화로 볼 수도 있다. 그러나 일말의 진실을 담고 있지만 일방적인 마르크스의 분석에 대항해, 시민적 자유의 이념은 자유에 사회적, 경제적 조직들이 필요하며, 그러한 조직들이 개인적 자유의 실현에서 자연적, 인공적 장애물을 극복하게 할 수 있다는 확신에 근거한다. 민주주의를 바로 그와 같은 자유의 조건을 만드는 데 모든 개인을 참여시키는 방식으로 이해한 벤담의 관점은 (스스로 표상하듯) 널리 퍼진 믿음에 영향을 미쳤다.[164]

독립의 자유는 참여의 자유에 둘러싸여 존재해왔다. 기실 이 둘 중 참여의 자유가 더 오래된 것이다. 그리스 도시들에서 페리클레스의 장례 연설과 같은 고결한 발언에 영감을 불어넣은 것은 개인적 영역의 자유가 아니라 바로 이 참여의 자유였다. 국제연합의 인권협약 초안 제1조가 주장한 "인민"의 자기결정의 자유는 (세계인권선언에는 포함되지 않았지만) 바로 고대 그리스 자유의 현대판이다. 모든 개인에겐 자신이 선택한 지역의 정부 아래 살면서 그 속에 참여할 자유가 있다는 것이다. 이러한 자유가 집단적인 형태가 되었다고 해서 시민적 자유에서 배제한다면 이는 잘못이다. 그와 같은 집단적 자유는 탁월한 시민적 자유[165]이며 참여의 자유 및 그 부수적인 자유들과도 밀접하게 연관되는 것이다. 이러한 자유가 다른 자유들과 충돌하고 때때로 그 자유들을 부정한다는 것은 의심할 수 없는 사실이다. 그러나 상이한 자유들 사이에는 언제나 원리적인 갈등이 존재하고 또 존재해왔다. 만약 누군가가 홍콩과 가나를 비교하거나 프랑스 지배 이전과 이후의 모로코를 비교하면서 과거 식민지 주민의 개인적 권리는 식민권력에 의해 더욱 확실히 보호되었다고 주장한다면, 이에 대해서는 오늘날 많은 사람에게 모든 개인적 권리보다 자기결정권이 최고의 권리로 자리매김되었다는 말로 답변해야 할 것이다.

그러나 20세기에 자기결정권을 포함한 시민적 자유는 오래된 개인적 권리뿐 아니라 루스벨트가 네 가지 자유를 선언하면서 제안했고, 전후의 여러 헌법과 국제연합의 세계인권선언에 포함된 자유들[166]과도 경쟁하게 되었다. 이 새로운 자유는 경제적이고 사회적인 성격을 지니는 권리로서 집단적인 노력, 더 특수하게는 정부의 노력을 특징적으로 요청한다. 이 가운데는 사회적 안전, 노동[167], 쉼과 여가, 교육, 삶의 적합한 기준, 문화생활에 대한 참여 등에 관한 권리, 그리고 심지어는 이러한 권리들을 보장하는 국제질서에 대한 권리가 존재한다. 이러한 권리들 중 일부는 20세기에 들어와서 현저해졌으나, 기실 일찍부터 다른 '자연적' 권리들 가운데 나타났다. 그리하여 1793년 5월 29일의 프랑스 인권선언은 제22조에서 "교육은 모든 인간의 필요이며 사회는 그것을 모든 구성원에게 평등하게 제공할 의무를 지고 있다"고 선언했던 것이다. 이 선언은 또한 정부의 행위의 필요성도 명백하게 표현한다. 제24조는 국가의 주권자(인민)는 반드시 그와 같은 권리들의 집행을 보장해야 한다고 명언했다. 그러나 당시의 강조점은 특히 혁명의 열정이 잠잠해진 뒤 정부에 대항하는 권리들에 주어졌고, 민주주의가 신장된 19세기에는 정부 내의 권리들로 옮겨졌다. 사회적, 정치적 권리의 전면적인 중요성이 명백해진 것은 20세기가 되어서였다.[168]

그러한 권리는 분명히 정부나 다른 권력자들에 대항하는 개인을 보호하지 않지만, 공권력으로 하여금 인간이 소유한 자유는 다른 자유의 세트들에 의해 충족된다는 점을 직시하도록 한다. 여기서 다른 자유는 독립과 참여의 권리들에 대조하여 삶을 창조할 자유들freedoms of creation로 부를 수 있으며, 인간에게 공포로부터의 자유와 결핍으로부터의 자유를 권리로서 보장하는 것을 말한다. 한마디로 이는 인간으로서의 완전한 발전을 방해하는 제한과 금지로부터 인간을 해방하는 권리들인 것이다. 오래된 자유들과 급진적으로 다르긴 하지만, 그럼에도 이 권리들은 모든 인간을 인간으로서 대우하라고 정당하게 주장한다. 아나톨 프랑스가 모든 프랑스인의 자유는 센강의 다리 아래서 노숙할 자유라고 씁쓸하게 빈정거리는 투로 썼을 때, 그는 바로 이 권리들의 이행을 요구하고 있었다. 이러한 권리들을 그에 앞선 권리들보다 덜 기본적인 것으로 여겨 옆으로 제쳐두거나, 효과적인 집행의 어려움을 들어 권리 자체에 의문을 제기하는 것은 더 이상 용납될 수 없다. 모든 권리는 규범을 내포하며, 모든 규범은 집행력의 결핍에 직면한다. 만약 그렇지 않다면 어째서 규범이 필요한 것일까? 모든 사람이 반드시 호흡해야만 한다는 법이 적절한 법령으로 집행된다고는 아무도 주장하지 않는다. 때때로 법안의 기초자가 인도주의적인 열정에 휩싸여 "정기적인 유급 휴가"나 "자연의 아름다움을 즐기기"를 보장한다고 해서, 이러한 경제적 사회적 권리를 비웃는 것은 현명하지 못하다.[169] 그러한 광시곡은 원리들을 발전시키는 과정에서 늘 재현되곤 하는 것이다. 원리는 과도한 확장으로 인해 무효화되지는 않는다. 이러한 귀류법reductio ad absurdum[170]이 정치적 논쟁에서 선호되기는 하지만 말이다.

사회적 권리, 특히 결핍으로부터의 자유에 연관된 권리가 '공산주의적'이라고 말하는 것도 옳지 않다. 이미 언급했듯이 마르크스와 엥겔스는 자연권을 비롯해 다른 어떤 권리의 전통도 거의 활용하지 않았다. 그들은 이를 부르주아의 편견으로 보았다. 이런 관점은 공산주의 국가들의 헌법 문서에 사회적 권리들이 채택되고 통합되는 것을 방해하지 않았다. 이 문서들에서 사회적 권리는 헌법의 일반적 기능의 일부를 형성해 그 헌법 원리들에 화려한 외관을 제공한다. 물론 모든 헌법은 실행을 위한 이러한 기능을 어느 정도 갖고 있다. 헌법의 기능은 통치의 작동을 위한 헌정이나 권리장전을 제공하는 것이며, 또한 이를 위한 신화[171]를 제공하는 것이기도 하다. 하지만 순전한 의미의 헌법들에서 이러한 사회적 권리들이 정교화된 것은 여전히 평등과 자율을 향해 특수한 집단과 소수자들이 펼친 기나긴 투쟁의 결과이다. 이러한 권리들은 '공산주의적'인 것이 아니라 기술 혁신과 같은 요인들로 혼란스럽게 된 새롭고도 다양한 인간 상황에 대한 대응을 대표한다. 다만 일할 권리는 프랑스대혁명까지 거슬러 올라가고, 이러한 권리는 미국 각 주의 헌법에서 다수 나타났으며, 제1차 세계대전 이후 많은 헌법문서에서도 발견된다. 가장 대표적인 예는 바이마르 헌법이다.[172] 이러한 새로운 인권의 형성과 실현이 서구와 동구, 비사회주의 사회와 사회주의 사회 모두의 주된 관심사항이라는 점은 최근 들어 주장되고 있다. 이에 따라 이탈리아와 독일연방공화국이 최근 헌법에 세계인권선언이 내포한 경제적, 사회적 권리를 대부분 받아들인 것이다.

이러한 권리들을 진정한 권리로 인정하더라도, 이들이 오래된 권리들과 다르다는 점은 분명하다. 지난 300년의 역사가 보여주듯, 권리의 세 가지 세트들 사이에 존재하는 차이를 충분히 존중하기 위해 무엇보다 필요한 것은 그것들 사이의 공통부분을 확인하는 작업이다. 만약 세 가지 권리를 택한다면 종교적 신앙의 권리, 투표할 권리, 그리고 일할 권리를 꼽아야 할 것이다. 이것들은 각각 독립의 자유, 참여의 자유, 그리고 창조, 발명, 혁신의 자유를 나타낸다. 이 대응되는 자유들과 마찬가지로 세 권리는 모두 인간이 원숙한 자아, 완전히 발전된 인격이 되는 것을 가능케 하려는 것이다. 진정으로 믿고자 하는 것을 믿는 것이 허용되지 않는 것, 자신의 통치자를 선택하고 정기적으로 교체하는 과정에 참여할 수 없는 것, 새로운 것을 생산하고 창조하는 영역에서 활동할 수 없는 것, 이러한 박탈은 모두 이미 비인간화로 인식된다. 이는 인간에게 괴로움을 주고 손해를 입혀서 완전한 의미의 인격을 갖추지 못하게 만든다. 심지어 그러한 권리들이 선포된 이후에 이를 실현하기가 어려울 수 있다는 점도 그 권리들을 무효화하지 못한다. 이는 권리 주장의 실패가 해당 권리를 사라지게 할 수 없는 것과 마찬가지이다. 현재 미국에서 흑인들이 주장하는 권리는 오랫동안 그들의 권리였으며, 그 주장은 이와 같은 명백한 사실에 근거하는 것이다. 권리는 객관적으로 현존한다. 권리는 그것에 대응하는 자유가 그렇듯이 인간의 명백한 본성에서 실존적으로 흘러나온다. 왜냐하면 이러한 자유는 그 자유를 책임질 수 있는 인간의 능력과 역량의 표명이기 때문이다. 역량의 관점에서 개개의 인간 사이에 광범위한 차이가 존재한다는 점에는 의심의 여지가 없으나, 우리의 예에서 보자면 모든 인간은 종교적 신앙을 가질 수 있고, 투표와 노동을 수행할 수 있다. 각 권리가 역량, 즉 자기실현을 성취할 수 있는 인간의 능력으로 표현될 수 있다는 사실은 모든 권리의 핵심이다. 이런 이유로 우리는 가장 포괄적인 권리는 자기실현의 권리라고 말할 수 있다. 이 권리는 또한 단순하게 자유권으로 불려왔다.[173] 개인의 관점에서 보면, 이 권리는 자기보존, 자기주장 또는 자기발전의 권리로 나타난다. 공동체의 정치질서라는 관점에서 보면, 그것은 정치질서로부터의 권리, 정치질서 속에서 또는 정치질서를 향한 권리, 또는 정치질서에 의존하는 권리이다. 이와 같은 권리의 계층은 명확하게 구분된 것은 아니며 서로 정확하게 분리될 수도 없다. 예를 들어 지난 150년 동안 현저한 진화를 거친 재산권을 생각해보자.[174] 그것은 세 권리 중 하나로 간주될 수 있다. 정부의 개입으로부터 보호받을 권리(대표 없이 과세 없다), 투표의 기초로 제공되는 권리, 또는 독점적 경쟁에 대항하여 보호받을 권리(소상공인 보호 등)가 모두 재산권이기 때문이다. 재산에 대한 권리가, 유명한 로마의 권리 삼분론Roman triad에서 자기것suum에 대한 권리가 기본적 권리라는 점은 명백하지만, 재산은 세 종류의 권리 중 어떤 것에도 결부될 수 있다. 결과를 놓고 볼 때, 심지어 공산주의 정치질서에서도 이를 인정하는 일이 시작되고 있다.[175] 또 다른 성찰은 세 권리의 상호연계성에 관한 통찰을 더욱 강화하는 데 기여할 것이다. 권리는 법적으로 인정될 수도 있고, 박탈당한 사람이 절실하게 느끼는 방식으로 문제시될 수도 있다. 여기서 권리의 박탈은 비정부 영역의 권력자나 고용주에 의해 야기될 수도 있다. 그런 경우 처음에 정치질서로부터의 권리로 나타났던 권리가 정치질서에 의존하는 권리로 모습을 바꾸어 나타날 수 있다. 미국의 흑인들과 같이 비특권층 소수자의 상황이 전형적인 예다. 이와 같은 상호연계성의 다른 양상은 교육받을 권리에 대한 초기의 인식, 즉 일반적으로 독립의 자연권에 중점이 놓여 있던 시절의 인식에서도 볼 수 있다. 예를 들어 존 아담스는 "자유는 인민 사이에 일반적인 지식이 없는 채로 확보될 수 없다.

인민은 본성의 틀로부터 지식에 대한 권리를 가지고 있다"고 쓰고 있다. 오늘날 일반적으로 경제적, 사회적 권리에 포함되며, 확실히 정치질서에 의존하는 권리인 교육받을 권리를 당시 보수적인 뉴잉글랜드인이 심지어 '타고난 본질적인 권리'로 묘사하고 있는 셈이다. 이러한 권리는 심지어 "의회가 존재하기 이전부터" 확립된 것이다.176 서로 다른 권리들의 구분과 서열은 종종 사회질서 속에서 특정한 인격의 신분에 관련된다. 부유한 사람에게 교육을 받을 타고난 권리는 정치질서로부터의 권리다. 반면 가난한 사람에게 이는 정치질서에 의존하는 권리다. 따라서 최상의 교육이 대부분 등록금이 아주 비싼 대학에서 이루어지는 정치공동체에서 교육받을 권리는, 만약 비특권층 사람들을 위해 장학금이 차별 없이 제공될 수 있는 상황이 아니라면, 권리로 인정될 수는 있으나 여전히 그리 효과적인 권리는 아닐 수 있다. 유사하게도 흑인들을 위해 교육 기회의 차별을 철폐하려는 현재의 통합교육투쟁은 대부분 흑인들이 살고 있는 지역의 시설 등이 다른 지역의 기준에 비해 열악하다는 점과 연관이 있다.

그러므로 흑인 교육의 문제는 무엇보다 평등한 시설 등의 문제이다. '간극을 메우기' 위해 급속한 진보가 이루어졌음에도 불구하고 여전히 커다란 간극이 남아 있고, 이는 결코 남부에 국한된 문제가 아니다. 그러나 이 이슈는 시설 등의 문제 이상이다. 유명한 브라운 사건에서 미합중국 대법원은 만장일치로 "교육시설의 분리는 원래부터 평등하지 않다"고 결정했다. 왜냐하면 "그들[흑인 아이들]을 같은 나이와 자격을 갖춘 다른 아이들로부터 오로지 인종에 따라 분리하는 것은 공동체 속에서 신분에 관해 열등감을 초래하기 때문이다. 이러한 열등감은 마음과 지성에 영향을 미쳐 영원히 극복되지 않을 수도 있다."[177] 단지 시설 등을 제공하는 것만이 아니라 모든 학교에 대한 평등한 접근권을 확보함으로써 정부는 강자에 대항해 약자의 권리를 강화하는 엄격한 책임을 다하게 할 수도 있다.

이와 같은 정부(국가)의 적극적 역할은 경제 영역에서도 필요한 것으로 인정되고 있다. 유럽의 네오리버럴[178]은 미국의 진보주의자처럼 독점 권력이 초래한 자유와 권리에 대한 위협에 대처하려면 강력한 정부 행위가 중요하다는 점을 강조해왔다. 이를 넘어 정부는 모든 방면에서 압력을 가하는 이익집단들에 대해 권위를 관철할 수 있어야 한다. 그러나 네오리버럴들은 이익충돌을 조정하는 강력한 중재자의 지위를 정부에게 용인하면서도, 정부에 대해 비판적인 기본 태도를 버리려고 하지 않았다. 자유를 보장하려면 정부가 필요하다. 그러나 인권을 보호하는 헌정질서의 범위 내에 통치자들을 묶어두려면 정부에 대한 강력한 제한도 필요하다.

자유의 보장을 위한 정부의 역할을 강조함으로써 네오리버럴리즘은 모든 권리는 유지와 집행을 위해 정치질서에 의

존한다는 의미에서 정치적이라는 사실을 이해하는 데 기여했다. 그러나 권리는 정치질서가 제공하는 정치공동체의 가치와 믿음에 의존한다는 더 깊은 의미에서 정치적이다. 새로운 권리는 대부분 명백하게 최근의 발전이 낳은 산물이다. 일할 권리는 산업화가 대규모의 실업을 야기했을 때만 일반적으로 인정될 수 있는 것이다. 그러나 이 점을 이러한 권리가 지금 이 시점에 존재해야 한다는 주장의 근거로 사용한다면, 이는 실수일 것이다. 오히려 그 권리 주장은 일하는 것이 인간 본성의 일부이며, 따라서 그러한 자연적 경향의 충족이 박탈된 상황은 반드시 교정되어야 한다는 사실에 뿌리박고 있다.[179] 이러한 성찰은 이미 언급했던 중요한 통찰, 즉 권리는 존재와 당위 사이의 긴장을 반영한다는 의미에서 규범적이라는 통찰을 더욱 강화한다. 이러한 메타적 관점에서 권리란 타고난 또는 좌절된 인간 본성의 측면에 관련된다고도 볼 수 있다. 불법행위의 대상이 된 피해자들은 그러한 긴장을 느낄 수도 있고, 그렇지 못할 수도 있다. 그러나 그들이 어떤지는 확정적인 것이 아니다. 관습적으로 확립된 권리들은 어떤 극적인 이슈에 의해 공공성의 완전한 섬광으로 비쳐질 때까지 망각에 덮여 있고는 한다.

어디서나 스스로 가진 권리를 존중하거나 또는 심지어 인식하는 데 실패하는 것은 그 권리의 집행에 커다란 장애물이 된다. 왜냐하면 불평이 제기되거나 주장되지 않는 한 법을 집행하는 권위 주체는 잠자는 개들을 내버려둘 가능성이 크기 때문이다. 최근 미합중국 대법원의 한 대법관은 개인이 권력자의 위치에 있는 사람들에 맞서서 내세우는 어떠한 교정적 대책이든 점점 더 무력해지고 있다고 주장했다.[180] 이 말은 아마도 비특권층 사람들에 대한 무시 또는 무관심 때문에 심각한 부정의가 발전되고 또 계속 창궐할 수 있다는 건강한 지적을 얼마간 과장한 것이리라.[181]

확립된 정부의 일부가 인권을 침해하거나 인권침해에 가담하고 있다면 무시와 협박의 결과는 더욱 심각해질 수도 있다. 전체주의 정부는 제쳐두고라도, 권리와 해방과 자유가 최근에야 헌법적으로 인정된 많은 국가에서 이는 대개 문서상의 선언으로 남아 있다. 특정한 예를 언급하는 것은 불쾌할 수 있지만 제2차 세계대전 이후 헌법을 채택한 국가 중 헌법에 보장된 권리장전을 만족스럽게 집행한 기록을 가진 국가는 하나도 없다. 이에 대해 공중이 단호한 저항을 취할 준비가 되어 있었던 예도 희소하다.

이와 같은 문제 영역에서 한 가지 특별한 측면은 연방 체제에서 '주의 권리'에 관한 문제다. 연방 체제에서 인권의 문제는 그 범위가 넓든 좁든 종종 주의 권리와 병렬적으로 논의된다. 특히 미합중국에서는 국제연합헌장과 관련해서도 마찬가지로 개인의 권리는 집단의 권리에 양보해야 한다는 주장이 제기되고 있다. 역사가 보여주는 한, 그리고 무엇이 기본권으로 믿어져야 하는가에 관해 일상의 경험이 상당한 변용을 확인하고 있는 한, 이 주장에는 상당한 근거가 있다고 보인다. 우리가 보았듯이 권리는 특정한 정치공동체 구성원의 관념과 밀접하게 연계되어 있다. 이런 이유로 각 정치공동체는 스스로의 가치와 믿음에 맞추어 권리의 범위와 서열을 결정해야만 하고, 또 그렇게 할 것이다. 그러나 이런 주장은 상당히 피상적이다. 이는 어떠한 특정 지역의 권리에 대한 선언이 권리를 인간 존재에 결속시키는 더욱 광범하고 기본적인 관념들 속에 체화되어 있다는 사실을 설명하지 못한다. 바로 이러한 사실 때문에 국제연합헌장은 주에게 오늘날 무엇이 모든 인간의 권리로서 보편적으로 인정되고 있는지에 관한 영감을 불어넣을 수 있으며, 모든 유럽인을 위한 유럽헌장에 대해서도 동일한 이야기를 할 수 있을 것이다. 이 주장은 하나의 정치공동체를 형성하는 모든 미국인에게 구체적인 경험에 앞서서a priori 적용된다. 지역적 변용은 그러한 권리의 넓은 맥락에서 표현의 자유를 행사하는 흐름으로 용인될 수 있으며, 이는 권리를 부인하는 형태를 택하지 않을 것이다. 달리 말해 헌법이 명시적으로 지역적 다양성을 허용하지 않는 한, 연방 체제에서 주의 권리는 인권에 대항해 주장될 수 없다. 의심스러운 경우 이 가정은 인권에 유리하게 해석되어야 한다. 왜냐하면 미합중국에서 사람은 주보다 더욱 중요한 것으로 여겨지기 때문이다.

그렇지만 어떤 권리에도 특히 다른 사람의 권리를 침해하지 말아야 한다는 한계는 물론 존재한다. 국제연합헌장이 선언하고 있듯이 "자신의 권리와 자유를 행사함에 있어서 모든 사람은 오로지 다른 사람의 권리와 자유를 정당하게 인정하고 존중하려는 목적으로 제정된 법이 정하는 한계들의 적용 대상이 되어야 한다…".[182] 헌장이 그와 같이 규정한 것에 대해 약간의 반대가 제기될 수 있었다. 왜냐하면 권리의 프로그램은 언제나 그에 대응하는 책임의 문제를 발생시키기 때문이다. 전통적으로 자유는 타인의 권리에 대한 존중에 의해 제한되는 것으로 여겨져왔다.[183] 그러나 헌장은 실상 모든 유효한 권리를 무효화할 수도 있는 다른 제한을 덧붙이고 있다. 헌장은 계속해서 그와 같은 권리의 행사는 "도덕, 공공질서, 그리고 민주사회의 보편적 복지의 정당한 요구에 부합하려는 목적으로" 제한될 수 있다고 말하고 있다. 스위스의 헌정적 민주주의에서 마오쩌둥하 중국의 전체주의 체제에 이르기까지 민주주의의 상이한 관념들을 감안할 때, '공공질서'나 '보편적 복지', '도덕'이라는 용어의 함축이 너무 모호해서 통치자들이 부과하기 원하는 어떠한 제한도 정당화할 수 있다는 점은 명백하다. 참으로 이러한 제한들은 권리를 무효화하는 결과로 이어지기 십상이다.[184]
　권리의 효력 발생이 일정량의 권력이 집결하는 데 달려 있다는 것은 일반적으로 진실이며, 노동자들과 비특권층 인종적 소수자들을 조직해 이루려는 것은 그와 같은 권력의 집결이다.[185] 권리를 집행하라는 요구는 조직된 요구가 아니라면 쓸데없는 일이 될 수 있고, 다수의 권력은 조직력에 있다. 권력이 제한되거나 제약된 한도에서, 다수의 권리는 '화려한 외관'으로 남게 될 가능성이 크다. 시의에 맞게 '고차적' 권력의 개입을 촉발해 중요한 해결책들을 활용할 수는 있지만, 그 가능성은 제한되어 있다. 따라서 대부분의 사건에서 인정된 권리의 완전한 보장은 법원에 효과적으로 호소하든, 필요한 입법을 위해 압력을 가하든, 행정영역에서 해결책을 확보하든, 개인들이 조직을 통해 집결시키는 권력에 달려 있다. 그러므로 개인들이 스스로 이해하는 대로 자신들의 권리를 보호하기 위해 조직을 결성하는 것을 막는 정치질서는 그와 같은 권리의 유지를 위해 적합한 범위를 제공하지 못할 개연성이 있다. 전체주의 질서에서 시민들이 스스로 집단을 조직할 가능성이 거의 없다는 점은 그러한 국가들에서 인권의 취약성을 입증하는 것이다.[186]

이제 이 글의 분석에서 자유의 문제를 다시 검토할 차례가 되었다. 이는 많은 새로운 권리들의 적극적인 측면이기 때문이다. 불행하게도 시간과 공간이 그 검토를 허락하지 않는다.[187] 그러므로 자유를 강조하는 그러한 전환이 이와 같은 새로운 권리의 유효성을 확실히 하기 위해 공적 권위 주체의 부분에서 모든 노력을 다하라고 요구하는 실제 상황과 흥미

롭게도 대조된다는 점을 지적하는 것으로 충분하다. 앞에서
도 지적했지만 이 문제는 보편적 용어들 속에서는 해결될 수
없다. 이는 자유와 그 여러 차원의 문제로서 양적, 질적 문제
들이 섞여 있으며, 오로지 온전하게 조직된 민주적 과정만이
만족할 만한 결과를 내놓을 것으로 기대할 수 있다. 오래된
헌정 체제의 개정이 정말 필요하다는 점에는 의심의 여지가
없다. 그러한 혁신은 법원보다는 투표나 제헌의회를 통해 이
루어지는 것이 더욱 바람직하다. 이는 권리를 실현하는 정치
과정의 일부이다.

　　미국의 권리장전은 더 이상 적합하지 않다. 재확인되거나
강화될 필요가 있는 오래된 권리들[188]을 약화해서는 안 될
뿐만 아니라, 새로운 권리 중 일부에는 긴급하게 헌법적 제
재수단을 부가해야 한다. 많은 새로운 헌법들이나 국제연합
헌장에서도 보장되고 있는 적합한 교육을 받을 권리는 미합
중국 헌법에서도 적극적으로 확인되어야만 한다. 이는 헌법
에 따라 요구된 기준(분리철폐)에 대한 지역적 불만족 때문
에 광범위한 계층의 시민들을 교육받지 못하게 하는 것과 같
은 공권력의 위중한 남용에 대처함에 있어서 법원에게 필수
적인 근거를 제공할 수도 있을 것이다. 교육받을 권리는 심
지어 특정 학교에 입학할 권리보다 더욱 중요한 권리일 수
도 있다. 이와 비슷하게 많은 연방 입법이 진흥하고 있는 일
할 권리는 주나 지방정부에 의해 그 관할 범위 내에서 거부

될 수도 있다. 문제는 투표권과 관련해 특히 가슴 아픈 형태로 등장한다. (이 장의 다른 곳에서 논의되었듯) 등록제 운영을 통해 투표권을 부인하는 것은 남용이다. 왜냐하면 정치에 참여하는 일반적인 권리 중 투표권은 중요한 부분을 차지하고 있으며, 정치 참여권은 오늘날 자유로운 정치공동체의 기초로서 보편적으로 인정되고 있기 때문이다. 다른 한편, 그러한 권리를 어떻게 행사할지, 비례대표제 또는 다수대표제를 통하는지 아닌지, 투표 연령을 21세로 할지 18세로 할지 등과 같은 문제들은 지역의 결정에 맡겨져도 좋을 것이다. 18~19세기에 나온 전통적인 권리장전들을 사회적 권리를 완전히 인정하는 현대의 권리장전들과 비교해본 사람은 누구나 발본적인 개정의 필요성을 인정할 것이다.

그러나 더욱 광범하고 적절한 인간 자유의 관념에 맞추어 헌법적으로 보장되는 권리를 다시 정하려는 노력이 이루어지더라도, 여러 권리와 해방과 자유를 어떻게 균형 있고 조화로운 전체로 조합할 것이냐는 여전히 문제로 남는다. 이 문제는 권리와 해방과 자유를 단순한 우선순위에 따라 서열화하는 것으로 해결될 수 없다. 이 문제는 일차원적이고 정태적인 것이 아니라 다차원적이고 동태적인 것이다. 그것은 특수한 상황과 조건에 맞추어 해결책을 모색하는 적정한 절차를 통해 근사치를 찾아가는 방식으로만 유일하게 해결될 수 있다.

다시 한번 여러 권리의 서열화 문제로 돌아가서, 미국 법과 다른 법질서에서는 그러한 권리가 발생하는 순서에 따른 관점에서 부분적으로 답변되었다. 그리하여 연방헌법 수정 제1조는 최고의 효력을 가지며, 우월적인 권리들을 규정하고 있다는 점이 매우 일방적으로 주장되었다.[189] 이 주장처럼 미심쩍은 것은 반드시 검토되어야 한다. 인신보호영장제도habeas corpus처럼 핵심적인 것을 포함해 많은 중요한 권리들이 원래의 헌법에 여기저기 산재하기 때문에, 그것은 서열의 문제를 없앨 수 없다. 수정 제1조 자체가 서로 충돌할 수 있는 몇 개의 권리들을 포함하고 있다. 예를 들어 개인의 공적 표현(언론)의 자유를 보호하기 위한 조항들은 방송 설비 소유자의 사적 재산권을 침해할 수도 있으며, 재산권만이 아니라 다른 권리와도 충돌할 수 있다. 출판의 자유는 사생활의 권리와 부딪히고, 공정한 재판을 받을 권리는 다른 권리와 부딪힌다. 특히 자기-보존에 관한 오래된 권리들과 자기-발전에 관한 새로운 권리들 사이에서 많은 예들을 들 수 있으며, 그 이유는 찾기에 멀지 않다. 무엇이든 잘해내는well-to-do 복받은 가진 자들beati possidentes을 전자가 우대했다면, 반면 후자는 가난한 사람들을 우대하기 때문이다. 고정된 질서 속에서 서열화되기 어려운 것이 권리의 진정한 본질이다. 왜냐하면 각각의 구체적인 사례가 어느 정도 고려되어야 하기 때문이다. 판사들이나, 입법자들, 그리고 행정가들의 쪽에서는 '상황적 감각'이 언제나 요구될 것이다. 대안의 가능성을 신중히 저울질하게 만드는 주의 깊게 고안된 절차는 문명화된 공동체가 보호가 필요하다고 인정하는 권리를 최대한으로 실현할 수 있는 유일한 방식이다. 때때로 일부 판사들이 뛰어난 역할을 감당하기는 하지만[190], 판사들이 반드시 인권에 대해 가장 열렬한 수호자가 되어야 하는 것은 아니다. 사실 깨어 있는 공중이 계속 감시하고 개인이나 집단이 공동체의 가치와 이익과 믿음을 표현하여 공중이 인정하는 권리의 집행을 주장하려고 하지 않는다면, 인권의 보호를 위해서는 어떠한 정치적 권위에도 의존할 수 없다. 자유의 대가는 영원한 불침번이라는 오래된 격언이나 "진리가 너희를 자유케 하리라"는 복음서의 말씀은 적실성을 조금도 잃지 않았다. 진리는 주어진, 안정된, 최종적인 것이 아니라, 여전히 하나의 과제로 남아 있다.[191] 권리들의 서열화에 있어서 우리는 우리 자신을 위해서도 확실한 안정 상태에 도달할 수 있으리라고 희망할 수 없다. 왜냐하면 정치공동체의 규모가 어떻든 간에, 그것은 문제 자체의 바깥에 있는 문제기 때문이다. 어떤 권리를 법 안에 포함할 것인지, 그 권리가 초래하는 이슈들을 어떻게, 즉 입법적, 사법적, 행정적으로 어떤 절차에 따라 해결할 것인지에 관해 더욱 많은 동의가 이루어지더라도, 확실한 안정 상태는 이룰 수 없다.

서열화의 문제는 많은 측면에서 안전과 같은 다른 고려사항들에 맞서 권리들 사이에 어떻게 균형을 잡을 것인가의 문제와 유사하다. 앞에서의 논의가 보여주었듯이, 이러한 이슈는 사실 어떤 권리에 우선권을 줄 것인가에 관한 갈등인 경우가 많다. 안전의 문제에는 종종 가장 기본적인 권리로 설명되어온 보호의 권리가 뚜렷이 수반된다. 그러므로 우리의 권리장전 안에 "절대적인 것들"이 있다거나 "그것들은 목적으로 주어져 있다…"[192]고 주장하는 것은 별로 유익하지 않으며, 그렇다고 우월한 공적 이익이 존재한다는 이유로 그것들이 축약될 수 없다고 하는 주장을 입증해주지도 않는다. 왜냐하면 문제는 공적 이익에 관해 권리가 절대적인지 상대적인지(명백히 이 주장은 이러한 용어들 속에서 종종 던져짐에도 불구하고)가 아니기 때문이다. 문제는 오히려 권리 중 어떤 것이 다른 것들에 비해 우선시되는지, 그리고 만약 우선시된다면 그 권리는 어떤 것인지다. 이에 대한 답변이 무엇인지를 우리는 방금 보인 바 있다.

그러나 안전이나 그와 관련된 문제에 대한 논의는 "헌정적 국가이성"[193]이라고 적절하게 지칭될 수 있는 다른 영역의 이슈들을 불러일으킨다. 이는 복합적이고 어려운 문제들이며, 전체주의 운동의 도전으로 인해 모든 헌정민주정치에서 문제가 되었다. 전체주의 추종자들은 헌정질서의 적이며, 이들은 헌정질서에 의해 그 충실한 시민들이 활용할 수 있게 된 권리들을 헌정질서 그 자체의 파괴를 목적으로 버젓이 악용하고 있다. 헌정민주정치를 위해서는 이들의 이러한 행위를 허용하거나 이들에 대해 법의 보호를 박탈하는 것 둘 다 자기파괴적일 수 있다. 만약 헌정질서의 그와 같은 적들이 오로지 자신만을 위해 행동하는 개인이라면, 우리는 제퍼슨의 고상한 태도를 채택할 여유가 있을 것이다. 제퍼슨은 첫 번째 취임 연설에서 말한다.

"만약 우리 중 누군가가 이 연맹을 해체하거나 그 공화국적 형태를 바꾸기를 원한다면, 이들을 안전의 기념물로서 방해받지 않게 놔둡시다. 그들의 견해가 가진 오류는 그와 투쟁하는 이성이 자유롭게 방임된 곳에서 용인될 수 있을 것입니다."194

이는 오로지 견해의 문제일 뿐이었는가? 또는 그것과 투쟁하는 이성은 자유로웠던가? 불행하게도 헌정주의는 혁명적 세계권력의 대행자들을 상대해야만 한다. 이들은 더욱 치명적인 형태의 국가이성, 즉 '당의 이성'이라는 기초 위에서 움직인다. '당의 이성'은 모든 논거를 넘어서는 추정된 확실성, 즉 변증법적 유물론 속에서 정초된다. 이러한 도전에 어떻게 대처할 것인가는 18세기의 합리주의에 공감을 표해서는 도저히 해결할 수 없는 문제이다. 그러나 헌정질서를 대체할 자격을 갖추지 못한 국가이성에 대해 다소간 절박하게 호소한다고 해서 이 문제를 해결할 수 있는 것도 아니다. 인권의 보호와 정교화는 헌정질서의 핵심이자 진정한 존재 이유다. 그 때문에 인권의 침해는 어떤 것이라도 명백한 위험을 구성하고 의심의 여지 없이 실존하는 명시적 행위를 분명하게 진술함으로써 정당하게 확인되어야만 한다. 1936년의 영국 공공 질서법은 그러한 접근 방식의 모델이다. 이 법은 유니폼 착용처럼 금지되는 특정 행위를 규정했으며, 견해들을 법 바깥으로 내쫓지 않으면서 영국 파시즘에 대한 위협에 효과적으로 대처했다.[195] 그렇지만 판사나 입법자만이 아니라 정치학자나 법률가도 공중의 이해를 재확인하고 강화하는 데 과거보다 더 많은 노력을 기울여야 한다.[196] 더욱 특별하게 이들은 우리의 경찰과 군대가 사회과학의 광범위한 영역에서 정치이론을 충분히 배워 인권 전통을 온전히 이해하고 인권 실현의 고충을 존중할 수 있도록 해야 한다고 주장해야 한다.[197] 미국인들은 그와 같은 이해를 갖고 탄생하지 않았고, 현재 상황도 그러한 이해를 미국인들에게 제공해주지 않는다. 그러므로 미국인들은 우리의 소수자들에게, 집단에게든 개인에게든, 고마워해야 할 모든 이유가 있다. 왜냐하면 이들이야말로 우리의 권리들을 집행하고 활성화할 것을 요구해 새로운 활기를 만들어내고 있기 때문이다.

그러나 그와 같은 교육적 노력이 중요하긴 하지만, '헌정적 국가이성'은 이에 만족할 수 없다. 행정적, 입법적, 사법적 방식과 절차를 가지고 안전과 생존의 문제에 대처하려는 다양한 방법들은 모두 부적절하다. 어떠한 안보 프로그램도 행정적 규칙과 재량, 통상의 입법에 맡겨서는 안 된다. 이는 헌법 자체에 의해 규율되지 않으면 안 된다. 헌법적으로 보장된 비상 권력에 관해서는 명확하고 적절한 규정이 있어야만 한다. 만약 특정 권리, 즉 프라이버시권이나 표현의 자유가 너무 넓게 규정되었다면, 이에 어울리는 보완, 즉 국가만이 아니라 개인들을 위해서도 최대한의 안전을 보장하는 조치가 있어야만 한다. 헌정적 국가이성은 결국 법에 따라 보다 효과적으로 정부에 명령하는 문제라고 할 수 있다. 크롬웰, 스피노자, 그리고 칸트가 알았던 것을 우리는 모든 이성을 가지고 기억해야만 한다. 제임스 매디슨이 보았듯이 우리의 헌법에 체화된 것, 즉 인간 존엄의 핵심은 그의 확신, 그의 믿음, 그의 신앙이다. 이러한 가장 깊숙한 자아를 안전하게 만들기 위해서는 어떠한 국경이나 비밀보다 헌정질서의 안전과 생존이 더욱 절대적으로 필요하다. 인권에 대한 신앙 속에 구축된 어떠한 정치공동체에서든 가장 바깥의 국경을 방어하는 것만큼이나 가장 깊숙한 자아를 방어하는 것은 생존과 안전의 과제가 된다.

결론적으로 헌정주의의 종교적 토대가 거의 사라진 시대에 헌정주의의 인본주의적 핵심을 스케치한 작업의 요약에 아래의 설명이 기여할 수 있을 듯하다. 자연권에서 시민적 자유를 거쳐 사회적 자유로 진행된 인권의 발전은 그러한 권리들의 놀라운 분기와 확장을 불러왔다. 인권은 건강한 정치질서의 핵심 부분으로 널리 인정되었다. 이러한 발전을 돌아보면서 인권의 옹호자들은 일반적으로 그러한 권리들이 이론과 실제에서 이제 헌법적 제재를 동반하는 방식으로 정치공동체가 소중히 여기는 가치들을 규정하는 데 기여하고 있다는 점을 확인한다. 이런 이유로 인권의 특수하고 자세한 정식화는 공동체에 따라 달라질 수 있다. 그러나 이러한 정식화는 공통의 핵심을 가지고 있다. 그것은 인간의 자아를 고유의 존엄성을 가진 인격으로 인식하는 것이며, 그리하여 자기 존재의 잠재성을 완성할 수 있는 기회를 부여받을 자격이 있는 존재로 인식하는 것이다. 강조점은 개개 인간의 자기-보존에서 자기-주장으로 다시 자기-발전의 표명으로 바뀔 수 있다. 독립, 참여, 그리고 삶에 대한 창조성은 보편적 가치를 지니지만, 그 서열은 고정되지도 않고 특정한 절대적 지식에 토대를 두지도 않는다. 그러므로 정치공동체는 개개의 인간을 행복 추구 도상 속에 남겨두는 정도, 정부에 참여할 것을 허용하는 정도, 또는 동료 시민들과 자유로운 연합 속에서 인간의 자기-발전에 필요한 것을 해내는 정도에 따라 달라질 따름이다.

현존하는 모든 국가는 인권의 전문가들에 부응하지 못하고 있다. 아직 우리는 그와 같은 실패와 몰락의 원인에 대한 자세하고 정확한 지식을 가지고 있지 않다. 인권은 더욱 보편적으로 인정될 것이며, 심지어 그 실현에 가장 덜 호의적인 사람들에 의해서도 인정될 것이라는 점은 우리 시대를 구별하는 특징 중 하나다. 비관론자들에게 이러한 보편적 인식은 진지한 관심의 결핍을 의미할 수도 있다. 그러한 권리가 슬로건이 되며 정치적으로 적실한 내용을 잃어버리게 되기 때문이다. 그러나 이것이 설마 정부의 실제 행위와 행동에 대해 인권이 점점 더 기술적descriptive이 될 것이라고 희망하는 법철학자들과 정치철학자를 정당화하는 것이겠는가? 앞으로 계속될 분석은 어떤 쪽으로든 재검토를 위한 근거를 제시하게 될 것이다. 효과적인 국제 공동체 구축이 성공하느냐에 많은 것이 달려 있다. 이는 인간이 현존하는 궁극적 조건인 자기-보존의 기본적 권리를 효과적으로 만드는 것에 그치지 않고, 전쟁의 공포로부터의 자유가 정치적 관계에서 일종의 긴장 완화를 낳고 국가이성의 편에서 인권침해의 근거였던 긴급사태를 축소하는 결과로 이어질 것이다. 그러나 그와 같은 희망은 자신의 인권을 증진하는 인간의 위대한 책임에 대한 인식이 동반되지 않는 한, 그저 냉랭한 유토피아가 될 뿐이다. 낙관주의도 비관주의도 이 희망을 이룰 수 없다. 인권을 향한 전투는 결코 끝이 나지 않을 투쟁이다. 우리는 행동하기 위해 희망이 필요한 것이 아니다. 살아남기 위해 성공해야 하는 것도 아니다. 만약 초월적 정의가 추구해온 인간에 대한 믿음이 서구적 유산의 일부로 유지된다면, 이 투쟁은 앞으로 나아갈 수 있을 것이다.

서구적 모더니티와
초월적 정의의 행방

'초월적 정의'를 초점으로 헌정주의의 종교적 토대 문제를 다루는 이 책은 엄청난 스케일과 지적 치밀성에도 불구하고 뚜렷한 두 가지 한계를 지닌다. 하나는 헌정주의의 종교적 차원을 모색하는 범위를 서구의 지적 전통에 한정하는 점이다. 이로 인해 동아시아를 비롯한 지구상의 다른 지역 또는 문명에서 발전해온 헌정주의의 흐름은 아예 초월적 정의론의 추적 범위에서 제외되었다. 그 이유는 아마도 저자가 헌정주의의 개념을 권력의 견제와 균형 및 개인의 기본적 자유에 대한 헌법적 보장이라는 매우 서구적인 맥락에서 이해하고 있기 때문일 것이다. 이 책의 핵심은 이러한 의미의 헌정주의가 특히 기독교 정신과 만나면서 초월적 정의와 필연적 연관을 수립하게 되었던 맥락을 사상사적으로 분석하는 것이다. 하지만 그렇다고 헌정주의의 개념이나 종교적 토대에 대한 다른 관점의 이해, 그리고 지구상의 다른 지역 또는 문명에서 발전해온 헌정주의의 흐름을 정당하게 배제할 수 있는 것은 아니지 않은가?

두 번째 핵심으로는 멀리 플라톤의 철학까지 소급되는 서구의 지적 전통을 종縱으로 쪼개듯 추적해 내려오면서도 프로테스탄트 헌정주의가 세속화 과정을 거쳐 이신론理神論 헌정주의와 인격신론人格神論 헌정주의로 분기되는 약 200여 년 전까지로 초월적 정의의 사상사적 분석을 마무리하는 점을 들 수 있다. 이로 인해 저자 자신의 시대인 1960년대 초의 미합중국이나 서구 사회 전체가 그러한 사상사적 분석과 어떠한 관련 속에 놓이는지는 제대로 해명되지 못했다. 이 책의 차례로 말하면, 이는 제4장과 제5장 사이에 커다란 간극이 드러나 있는 것이나 마찬가지다. 저자는 자신의 시대를 헌정주의의 종교적 토대가 거의 사라진 시대, 즉 자유를 최고의 정치적 가치를 내세우면서도 정의의 초월적 근거를 부인하는 시대로 묘사하면서 "초월적 정의가 추구해온 인간에 대한 믿음"이 서구적 유산의 일부로서 유지될 수 있을지를 약간은 회의적인 분위기로 언급하고 있을 따름이다.

오랜 기간 이 책을 번역하면서 나는 이 두 가지 한계를 매우 절실하게 느꼈고, 그 가운데 첫 번째 문제에 관해서 일련의 헌법이론 연구를 통해 나름의 대안을 발전시켜 왔다(《헌법》(2010), 〈'헌정적인 것'의 개념〉(2016), 《헌정주의와 타자》(2019) 등). 그 핵심은 마르틴 하이데거의 탁월한 통찰인 표상적 사유론을 전유해 인간의 정치의 본질을 표상에 의한 사유 정치,

즉 '표상 정치representation politics'로 파악하면서도, 동시에 인간의 정치 안에 그와 같은 표상 정치의 한계를 인식하고 이를 극복하고자 시도할 수 있는 독특한 계기가 존재함을 포착하는 작업이었다. 타자윤리에 관한 에마뉘엘 레비나스의 가르침을 경청하면서 나는 '초월적 사유 정치'의 이러한 계기를 '헌정적인 것'으로 개념화하여 칼 슈미트의 주권론이 내세우는 '정치적인 것the political'이나 한스 켈젠의 리걸리즘이 전제하는 '법적인 것the legal'에 대응할 만한 헌정주의의 고유한 지평을 확보하고자 했다. 이를 통해 도출된 헌정주의의 새로운 정의는 '표상 정치의 한계를 극복하거나 보완하기 위한 정치적 기획'이었고, 이는 곧바로 서구적 헌정주의와 동아시아를 비롯한 지구상의 다른 지역 또는 문명에서 발전해온 헌정주의를 하나의 지평에서 아우를 수 있는 디딤돌이 되었다.

나아가 이러한 헌법이론 작업을 기초로 헌정주의의 발전 과정을 차근차근 되짚어 보는 과정에서 나는 프로테스탄트 종교혁명 이후 서구에서 발전된 헌정주의가 인간의 보편적 자유와 평등을 정언적으로categorical 선포하는 측면에서 여타의 헌정주의와 질적으로 다르다는 점을 재확인했으며, 자연스럽게 서구적 모더니티의 정치적 독특성, 특히 매혹과 불안, 역동성에 주목하게 되었다. 그리고 그 연장선에서, 흔히 정치 이데올로기로만 다루어지는 자유민주주의liberal democracy를 서구적 모더니티가 낳은 헌정주의의 독특한 기획(근대

적 헌정주의)으로 재정의하고, 그 바탕 위에서 대한민국이라
는 민주공화국 프로젝트의 출발점을 온전하게 만들자고 헌
법학계에 제안하기도 했다(〈자유민주주의란 무엇인가?: 헌정주의
자의 시각〉(2019) 등).

　이에 비해 두 번째 문제, 즉 이 책이 지난 200여 년간 서
구 사회에서 초월적 정의의 행방을 사상사적 분석의 범위에
서 제외하고 있는 점에 관해서는 본격적인 논구를 시도하지
못했다. 하지만 앞서 '들어가는 말'에서 언급했듯이 만약 나
자신을 저자가 진정으로 만나기를 염원했을 바로 그 독자의
자리에 놓는 것이 허용된다면 이 책의 해제에서 그 실마리
를 풀어보는 것도 그리 억지스럽지는 않을 것 같다. 특히 이
번역서가 이 책이 출간된 지 이미 60년이 지난 뒤에 한국 사
회에 나온다는 점을 고려할 때, 1963년의 미합중국 또는 서
구 사회와 2024년의 한국 사회 사이에 놓인 차이와 공통점
으로 인해 이 책의 사상사적 공백을 메우려는 그와 같은 시
도는 어쩌면 제법 긴요한 요청이 될 수도 있을 것이다. 이러
한 생각에서 나는 지난 200여 년간 서구 사회에서 헌정주의
의 기독교적 토대가 어떻게 사라져갔고, 그로 인한 결과가
무엇이었으며, 작금의 상황은 어떠한지, 특히 초월적 정의의
소생 가능성은 없는지 등에 관해 간략하게나마 나름의 분석
을 제시해보려고 한다. 옮긴이 해제로서는 이례적인 시도임
을 모르지 않으나, 독자의 너그러운 이해를 바랄 따름이다.

초월적 정의의 관점에서 오늘날 세계의 정치사상사적 풍경을 짚어보는 것으로부터 시작해보자. 지나간 20세기의 중반 무렵에는 초월적 정의의 관점에서 그 이전과 이후를 나누는 기념비적 사건이 있었다. 인류사의 최대 비극인 제2차 세계대전이 끝난 다음 난데없이 보편적인 인권 담론에 초점을 둔 이른바 '자연법의 부활'이 이루어진 것이다. 국제연합의 규범적 토대를 제공한 '세계인권선언'은 그 대표적인 상징이다. 제국주의 열강들의 선도 아래 적자생존, 우승열패, 약육강식의 사회진화론이 군국주의 파시즘과 인종주의의 차원까지 치닫던 전전의 상황에 비추어 이와 같은 변화는 정치사상사에서 가히 극적인 반전으로 일컬어질 만하다.

다만 서구적 모더니티의 맥락에서는 계몽적 합리주의의 여명기이던 17세기의 자연법사상이 무려 300년 만에 갑자기 부활하는 과정에서 강조점의 이동이 있었음을 주의할 필요가 있다. 원래 서구 사회의 17세기 자연법사상은 프로테스탄트 종교혁명과 로마가톨릭의 반동 종교혁명이 사상적으로 각축하는 상황에서, 신과 동물 사이의 중간적 존재로서 인간이 가진 가능성을 초월적 이성의 보편적인 역능으로부터 정당화하기 위한 논리로서 계발되었다. 그러나 20세기 중반에 이루어진 갑작스러운 부활은 그처럼 이성의 초월적 차원에 주목하기보다는 오히려 자연법, 특히 보편적인 인권 담론을 제2차 세계대전으로 무너져버린 인간의 존엄을 어떻게든 다시 세우기 위한 규범적 토대로 활용하는 데 목적을 두었다. 이는 서구적 모더니티의 측면에서 전후 세계의 정치적, 윤리적, 법적 기초가 된 자연법의 부활이 의외로 초월적 정의와의 연계 고리를 제대로 갖추지 못하고 있음을 의미한다. 이와 같은 규범적 공백 또는 결핍은 지난 세기 후반 이래 서구 사회가 제2차 세계대전이라는 역사적 비극의 경험에 그토록 깊게 의존할 수밖에 없었음을 설명해주는 측면이 있다.

자연법의 부활에 내포된 이와 같은 의외의 공백 또는 결핍은 1960년대 말부터 서구세계 전체를 사상적 위기에 몰아넣은 이른바 '68혁명'에 의해 전면적으로 문제 되기 시작했다. 제2차 세계대전 종전 이후에 태어난 당시의 젊은 세대가 선진 서구 문명의 부조리와 위선을 비판한 흐름은 세 가지 차원으로 설명할 수 있다. 첫째는 세계인권선언의 천명과 국제연합의 출범에도 불구하고 세계를 다시 자유 진영과 공산 진영으로 완전히 갈라 군사적인 대결을 통해 적대적 공존체제를 유지하고 있던 소위 '세계체제'에 대한 폭로와 고발이었다. 반전운동, 반핵운동, 제3세계 연대운동 등 다양한 사회운동을 통해 촉발된 이러한 흐름은 서구적 모더니티 그 자체의 적극적인 성찰로 이어졌다. 둘째, 이 과정에서 서구적 모더니티의 한계, 특히 그 억압성의 구조와 원인에 관한 분석이 다양한 관점에서 추진되었다. 마르크스주의, 비판이론, 정신

분석학, 구조주의, 인종주의, 언어분석, 페미니즘, 오리엔탈리즘 등 수많은 이론적 자원들이 중첩적으로 동원되는 가운데, 이 흐름은 급속하게 서구적 모더니티에 대항하는 관점 및 지향의 비체계적 종합이라고 할 수 있는 '포스트모더니즘'의 조류를 형성했다. 셋째, 이처럼 서구적 모더니티를 넘어서려는 시도가 이어지면서 인간의 보편적-정언적 자유와 평등을 전면에 내세우고 인간을 세계와 사회의 인식적, 규범적 중심으로 전제하는 서구적 모더니티의 인간중심주의 anthropocentrism에 대항해 일종의 반인간중심주의를 강조하는 흐름이 갈수록 강해졌다. 21세기 들어 국제연합이 '지속가능한 성장sustainable development'을 지구촌의 가장 중요한 정치적 목표로 내세우게 된 점에서 보듯, 오늘날 '68혁명'의 가장 뚜렷한 정치적 성과는 인간이 아니라 생태계 자체를 인식과 실천의 지평이자 단위로 삼는 환경주의 또는 생태주의의 전면화이며, 그 배후에는 반인간중심주의라는 도도한 흐름이 자리를 잡고 있다.

이와 같은 간략한 스케치는 오늘날 여전히 서구적 모더니티가 주도하는 세계의 정치사상사적 풍경이 예상외로 취약한 일면을 지니고 있음을 드러낸다. 제2차 세계대전 이후에 허겁지겁 부활한 자연법의 논리가 공식적인 차원을 지배하고 있음은 부정할 수 없으나, 비공식적인 차원을 포함한 실제의 담론 공간에는 서구적 모더니티의 억압성에 대한 저항과 다양한 형태의 포스트모더니즘, 그리고 생태주의를 앞세운 반인간중심주의가 전혀 다른 흐름을 형성하고 있다. 따라서 이 양자 사이의 간극을 어떻게 관리, 해소 또는 극복할 것인가야말로 20세기 후반 이래 서구 사회가 해결해야 할 최대의 정치사상사적 현안이 될 수밖에 없었다.

일찍이 1970년대 말의 시점에서 위르겐 하버마스는 이와 비슷한 구도로 당시 유럽의 지적 흐름을 분석하면서 특유의 '의사소통적 합리성'을 대안으로 제시했다. 하지만 그 이후 한 세대 동안에 실제로 벌어진 현상은 오히려 세기말에 이르러 지그문트 바우만이 개념화했던 '서구적 모더니티의 액체화'에 훨씬 가까운 모습이었다. 이는 정치, 경제, 사회, 문화의 모든 영역에서 주체와 대상을 포함한 모든 것을 언제나 계산하여 평가할 수 있는 유동성의 형태로 재구성하려는 움직임으로서, 그 결과 냉전 종식 이후 서구 사회는 자본의 금융화와 세계화, 급진적인 정보화와 디지털 주목 경제digital attention economy의 폭발을 경험할 수밖에 없었다. 흥미롭게도 이 과정에서 자연법사상은 보편적인 인권 담론을 전면에 내세워 이를테면 자연법의 액체화를 적극적으로 시도했고, 오래 지나지 않아 상당한 성공을 거두었다. 그 대표적 증거는, 국제형사재판소International Criminal Court를 비롯한 각종 국제인권재판소들에서 확인할 수 있듯, 사법과정을 통해 액체화된 인권의 계산과 평가를 제도적으로 담당하는 글로벌 차원의 사법적 통치기구judicial regime가 형성된 것이다.

그러나 '인권 담론을 통한 자연법의 액체화'가 자연법의 부활에 내포된 공백 또는 결핍을 채울 수는 없다. 특히 초월적 정의와의 연계 고리를 확보하는 차원에서 그것은 오히려 정반대의 효과를 가져오기가 더 쉽다. 바우만의 비유를 활용하자면 이는 기체화와 고체화라는 두 가지 방향으로 표현할 수도 있을 듯하다. 여기서 기체화란 서구적 모더니티의 액체화를 더욱 급진화하여 개개의 인간이 서로에 대한 사회적 연계를 잃어버리고 각자의 시간, 공간 속에 스스로 갇혀 결국 무의미 속에 흩어져버리는 현상을 뜻한다. 오늘날 이른바 선진 문명 전반에 퍼진 정치적 소진과 무기력, 허무주의적 집단 피로, 그리고 전투적 무신론의 신경질적 횡행은 직간접적으로 이러한 현상과 맞닿아 있다. 반대로 고체화란 서구적 모더니티의 액체화에 저항하는 과정에서 종래의 집단적 정체성이 더욱 강화되거나 집단적 정체성을 확보한다는 명분으로 권위주의적 통치 또는 리더십이 강화되는 현상을 말한다. 지난 세기 후반부터 전 세계적으로 근본주의 종교의 급성장 및 정치적 동원이 이루어진 것이 전자의 예라면, 심지어 서구 사회의 한복판에서부터 반난민정책을 앞세워 포퓰리즘과 맞물린 권위주의 정치세력이 득세하는 것은 후자의 예라고 할 수 있다.

오늘날 서구의 지적 움직임 속에서 정치와 도덕과 법의 초월적 기초에 주목하는 신학적, 철학적 시도가 재개되고 있는 것은 기본적으로 이상에서 살핀 곤란한 상황이 전혀 해소되지 못하고 있기 때문이다. 서구 사회는 이미 자연법의 부활이나 인권 담론을 통한 액체화로 서구적 모더니티의 불안과 요동을 규범적으로 제어하기 어려운 상태에 이르고 있다. 여기에 그나마 규범적 안전판 노릇을 해오던 제2차 세계대전의 비극적 기억조차 21세기 들어 그 전쟁을 겪은 마지막 세대까지 타계하면서 급속하게 옅어지고 있음을 부인하기 어렵다. 지난 세기 후반부터 서구 사회에 등장한 다양한 초월적 정의론들을 제대로 분석, 종합, 분류하려면 아마도 지금부터 여러 세대 동안 연구가 진행되어야 할 것이다. 이하에서는 단지 내가 읽고 생각해본 제한된 범위에서 신학적 접근과 철학적 접근이 조응하는 몇몇 지점을 중심으로 초보적인 조감도를 제시할 수 있을 뿐이다.

우선 자연법의 부활이 이루어지기 이전까지 약 200년 동안 서구적 모더니티의 인간중심주의가 서구 사회는 물론 세계 전체를 휘몰아친 일종의 세속주의적 종교운동의 일면을 가지고 있었음을 잊어서는 안 된다. 단적인 예는 자본주의의 모순에 정면으로 도전하는 혁명적 실천과 인간 문명의 총체적 진보를 변증법적으로 연결하려던 넓은 의미의 사회주의 혁명운동이다. 비록 제2차 세계대전 이후의 이른바 현실 사회주의에서 그와 같은 혁명적 이상주의의 기치가 사실상 방기되는 반전이 이루어지기는 했으나, 이 책의 관점에서는 같은 시기 라틴아메리카를 무대로 예수 그리스도를 따르는 전적 헌신을 바탕으로 바닥 공동체를 통한 종교적 실천 운동이 추진되었으며, 그 결과로 인간중심주의에 해방이라는 초월적 차원을 더하려는 '해방신학liberation theology'이 등장했음을 주목할 필요가 있다. 마이클 왈저가 말하듯이 해방을 초점으로 인간의 정치를 이해하는 신학적-철학적 관성은 기독교가 서구 문명에 연관된 이래 '출애굽과 혁명'의 테마로 줄곧 반복되어 온 패턴이기도 하다.

물론 20세기 후반을 전체로 놓고 볼 때, 이러한 혁명적 이상주의는 급속하게 약해져서 적어도 선진 서구 문명의 범위에서는 확실히 주류에서 밀려났다. 이에 비해 이미 공식적인 영역을 지배하고 있던 자연법과 인권 담론은 크게 보아 두 방향에서 어느 정도 정당화의 논변을 확보할 수 있었다고 보인다. 하나는 가톨릭 진영을 지적으로 견인한 네오토미즘이고, 다른 하나는 사실과 가치의 구별이라는 서구 자유주의의 오랜 전통을 근본적으로 수정한 규범적 자유주의이다. 자크 마리탱으로 대표되는 전자의 흐름은 성 아퀴나스의 목적론에 담긴 기독교적 전제를 '사물의 본성', '보충성의 원리', '잘 산다는 것well-being'과 같은 매개 개념들을 통해 적극적으로 탈색, 중화하고, 이를 통해 인간 이성의 초월적 차원을 세련된 모습으로 복원하고자 했으며, 그 결과 서구 사회의 보수

진영 내부에서 상당한 지분을 확보하는 데 성공했다. 이와 대조적으로 후자의 흐름은 기본적으로 합리적 개인주의에 입각한 서구 자유주의의 사회계약론 전통을 이어받으면서도, 사실과 가치의 구별을 넘어서는 규범적 논변을 통해 자연법과 인권 담론을 뒷받침할 수 있는 초월적 정의의 차원을 재구축하고자 했다. 이를 대표하는 예로는 '정의의 두 원칙'을 내세우는 존 롤스의 《사회정의론》(1971)이나 '보편적 담화규칙'을 내세우는 위르겐 하버마스의 《의사소통행위이론》(1981), 그리고 '동등한 존중과 배려의 원리'를 내세우는 로널드 드워킨의 《자유주의적 평등》(2000) 등을 거론할 수 있을 것이다.

주의할 것은 이러한 관찰은 어디까지나 네오토미즘과 규범적 자유주의가 서로를 향해 일정 정도 조응하는 방향성을 보여왔다는 것일 뿐, 양자 사이에 종교성, 특히 기독교적 관점에 관한 긴장과 갈등이 사라졌다거나 양자를 아우르는 초월적 차원이 확보되었다는 것이 결코 아니라는 점이다. 기실 네오토미즘과 규범적 자유주의만으로 오늘날 서구 사회를 관통하고 있는 서구적 모더니티의 액체화, 정치적 소진과 무기력, 근본주의 종교의 급성장과 포퓰리즘 정치의 득세를 제어할만한 초월적 종교의 차원이 확보될 수 있으리라 기대하기는 매우 어렵다. 솔직히 말하면 네오토미즘과 규범적 자유주의의 조응은 기껏해야 서구 사회의 지식인 사회에서 일종

의 중도적 지향점을 확인하는 수준에 머무르고 있다는 정도
가 현실에 더욱 부합하는 진단이 아닐까 싶다.

흥미롭게도 바로 이와 같은 이론적, 실천적 불만족을 배경
으로 삼아 서구 사회는 지난 세기말부터 초월적 종교성을 완
전히 재구축하려는 대단히 급진적인 시도를 거듭 경험하고
있다. 우선 신학적 접근으로는 제도적 교회나 크리스천 공동
체만을 신학의 범위 또는 청중으로 놓았던 합리적 계몽주의
이래의 신학적 관성을 놀라운 상상력과 스케일로 간단히 뛰
어넘은 일군의 기독교 정치신학자들을 지목해야 한다. 대표
적으로 예수 그리스도의 십자가와 부활 사건을 역사의 초점
에 놓고 인간의 정치를 철저히 신의 정치의 관점에서 새롭게
설명하려는 올리버 오도노반의 입론이나 20세기 서구 문과
학문의 총아인 사회이론을 신학적 관점에서 분석해 '폭력의
존재론'에 근거한 나쁜 신학으로 평가하는 존 밀뱅크의 시도
는 기독교 정치 신학의 지평을 완전히 새롭게 만드는 측면이
있다. 이에 조응하는 철학적 접근으로는 일찍이 발터 벤야민
이 예고했듯이, 변증법과 자유주의라는 위의 두 흐름 속에서
사라져버렸던 종말론적 메시아주의를 철학적으로 복권하려
는 흐름을 생각할 수 있다. 그 가운데 가장 뚜렷한 예는 단연
마르틴 하이데거의 현존재론을 철저하게 전복해 플라톤 이
래 서구 문명의 존재 이해가 총체성totality을 지향하는 동일
자중심주의에 함몰되어 있음을 폭로하면서, 이를 거부하는

대신 무한infinity의 체험에 직면해 타자에 대한 윤리적 무한 책임과 환대의 실천으로 나아갈 것을 요청하는 에마뉘엘 레비나스의 타자현상학일 것이다.

이상에서 살핀 바와 같이 지난 세기 후반부터 서구 사회에 등장한 초월적 정의론들은 일단 세속주의 종교운동으로서 사회주의 혁명운동이 약해지는 가운데 네오토미즘과 규범적 자유주의, 그리고 기독교 정치신학과 종말론적 메시아주의가 각기 서로를 향해 접근하고 있는 풍경 정도로 묘사할 수 있을 것 같다. 여기서 주의할 것은 이러한 시도들에도 불구하고 앞서 언급한 서구 사회의 곤란한 상황, 즉 자연법의 부활이나 인권 담론을 통한 그 액체화로 서구적 모더니티의 불안과 요동을 규범적으로 제어하기 어려운 상태가 전혀 나아지지 않고 있다는 사실이다. 그렇다면 아예 관심의 방향을 실천에서 이론 쪽으로 바꾸어 이와 같은 초보적인 조감도를 앞서 언급한 이 책의 두 번째 한계를 보완하기 위한 교두보로 활용하는 것은 어떨까? 프로테스탄트 헌정주의가 이신론적 헌정주의와 인격신론적 헌정주의로 분열한 이후 서구 사회에서 초월적 정의론이 사라져간 궤적을 되짚어보기 위해 이 조감도에서 어떠한 시사를 확보하는 것은 불가능한 일일까?

이 점에 관해 존 밀뱅크가 20세기 서구 사회의 세속주의 신학인 사회이론의 흐름을 분석하면서 활용한 기본 구도는 깊이 성찰해볼 만한 암시를 담고 있다. 밀뱅크는 20세기 서구의 사회이론을 크게 자유주의와 실증주의로 구분한 뒤, 양자의 내부에 서로 각축하는 분기점이 존재하고 있음을 말한다. 자유주의 내부에는 정치신학과 정치경제학이 경쟁하고, 실증주의 내부에는 말브랑슈-뒤르켐의 노선과 칸트-베버의 노선이 경쟁한다. 대단히 신기하게도 이러한 구분은 이 책에서 말하는 이신론적 프로테스탄티즘과 인격신론적 프로테스탄티즘의 분기, 더 정확히 말하면 그러한 분기 이후 벌어졌던 프로테스탄티즘의 세속화 방향 또는 계몽적 합리주의의 초월적 정초에 관한 유형들과 맞닿아 있다. 자유주의 내부에서 정치경제학은 이신론적 흐름을 따라 애덤 스미스가 보여주듯 시장참여자들의 도덕 감정에 입각한 보이지 않는 손의 예정조화라는 형태로 형성되었고, 정치신학은 오히려 인격신론적인 특징을 간직해 칼 슈미트가 보여주듯 특정한 정치공동체를 창설하는 주권자의 시원적 결단이라는 모습으로 이론화되었기 때문이다. 유사한 대조는 실증주의의 내부에서도 사회적 연대성과 집합의식을 내세우는 말브랑슈-뒤르케임의 노선과, 존재와 당위의 구분 및 개인의 선택권을 강조하는 칸트-베버의 노선 사이에서도 확인된다.

밀뱅크의 이와 같은 분석은 제2차 세계대전 이전 약 200여 년 동안 서구 사회에 정치와 도덕과 법의 초월적 기초가 이신론적 방향과 인격신론적 방향 모두에서 체계적으로 무너졌고, 나아가 이를 대체하는 세속적 합리주의의 다양한 방식을 배태했음을 의미한다. 한쪽에서는 정치경제학의 합리적 선택론과 말브랑슈-뒤르켐의 사회학주의가 이신론적 기독교를 대체했고, 다른 쪽에서는 정치신학의 주권론과 칸트-베버의 불가지론이 인격신론적 기독교를 대체했다는 것이다. 밀뱅크의 분석에서 압권은 이 두 흐름을 아우르는 20세기 서구의 종교사회학을 세속신학의 정수로 규정하는 부분이다. 대표적인 종교사회학자인 피터 버거의 기본 발상을 그는 '숭고함에 대한 감찰policing of the sublime'이라는 신학적 에토스로 개념화한다. 이는 사실과 가치, 존재와 당위의 구분을 고집함으로써 종교적 진리를 상대화하면서도, 인간의 유한성을 나타내는 초월성의 영역으로서 종교의 필수 가치를 확인하는 이중적 의미다. 종교사회학은 종교가 숭고함을 보전하도록 도우면서도, 진리의 이름으로 그 영역 바깥으로 나오지 못하도록 감찰하면서 그때그때의 필요에 따라 활용할 뿐이다.

그렇다면 '숭고함에 대한 감찰'이라는 20세기 세속신학의 봉인을 떼어낼 경우, 앞서 마련한 초보적인 조감도는 과연 어떻게 이해될 수 있을까? 정치와 도덕과 법의 초월적 기초를 재건하는 문제와 관련해서, 네오토미즘과 규범적 자유주의가 이신론적 맥락에 주목하려는 시도라면, 기독교 정치신학과 종말론적 메시아주의는 인격신론적 맥락을 복권하려는 시도로 볼 수 있다. 비록 양자 모두가 자신들이 일종의 지식고고학자라는 점, 다시 말해 자신들이 재건하려는 대상의 자리가 이미 오래전에 그 원형이 사라져 버렸던 바로 그 지점이라는 사실을 제대로 깨닫지 못하고 있지만 말이다. 이러한 자기 망각이 스스로 증명하듯, 이상과 같은 분류 또는 체계적 이해는 단지 전체 그림에서 빠진 고리를 찾아 연결하기 위한 것일 뿐 실제로 정치와 도덕과 법의 초월적 기초를 재건하는 문제와는 별다른 인과관계를 갖지 못한다. 지난 세기 중반에 인류가 경험한 비극적 파국은 서구적 모더니티가 헌정주의의 종교적 토대를 상실한 단계에서 한참 더 나아가 오히려 그 자체를 스스로 종교화하는 국면, 특히 제국주의 열강들의 선도 아래 적자생존, 우승열패, 약육강식의 사회진화론을 군국주의 파시즘과 인종주의의 차원까지 고양하여 급기야 두 차례나 세계대전을 일으키고 말았던 유사종교적 광기에서 비롯되었기 때문이다.

이러한 관점에서 나는 이 책의 사상사적 분석에서 저자가 200여 년의 공백을 둔 것에 어떤 묵시적 의도가 있을 수도 있다고 생각한다. 단언컨대 헌정주의 법철학자이자 정치사상가로서 헌정주의의 종교적 토대에 관한 프리드리히의 애착은 제3장의 프로테스탄트 헌정주의, 그중에도 요하네스 알투지우스의 다원주의적 헌정질서에 있다. 그 요체는 프로테스탄트 종교혁명의 정신을 계승하면서도 오랫동안 사람들이 실제로 가꾸어온 다원적 삶의 구조와 원리를 최대한 존중하려는 중용의 태도이며, 이는 다시 같은 시대에 유럽의 종교적 내전을 마무리하는 과정에서 도출되었던 톨레랑스의 이념, 즉 개인의 기본적 자유에 대한 헌법적 보장과도 자연스럽게 연결된다. 여기서 주의할 것은 중용과 톨레랑스의 이와 같은 연결이 헌정주의의 종교적 토대에 관한 새로운 이해, 곧 새로운 신학적, 철학적 접근을 동반했다는 점이다. 세계와 인간과 신의 관계를 '절대적인 것the absolute'의 관념이 아니라 '초월적인 것the transcendent'의 관념 속에서 재구성하는 이 새로운 접근은 권력의 역동적 균형이라는 고래古來의 전통을 보편적-정언적 자유와 평등이라는 근대적 이념에 접목하기 위한 필수적인 고리였다.

이처럼 저자의 초점을 알투지우스의 헌정질서론에 맞추고 이해할 경우, 제4장에서 저자가 스케치하는 이신론적 헌정주의와 인격신론적 헌정주의의 분열은 그와 같은 새로운 신학적, 철학적 접근이 외면되기 시작한 시대, 그리하여 자유민주주의가 초월적 기초를 잃기 시작한 시대에 대한 분석으로 해석될 수 있을 것이다. 나아가 제5장에서 저자가 자연법의 부활에 대한 언급을 일절 삼가고, 줄곧 개인의 기본적 자유에 대한 헌법적 보장이라는 헌정주의적 용어를 사용하는 점에도 주의가 필요하다. 여기에는 자연법의 부활에 기대기보다 개인의 기본적 자유에 대한 치열한 논쟁 속에서 헌정주의의 종교적 차원에 대한 요청을 확인할 수 있다는 저자의 기대가 전제된 것으로 보아야 하기 때문이다. 물론 앞에서 살핀 대로 이른바 '68혁명' 이후 서구 사회의 정치사상사적 풍경은 저자의 그러한 기대가 현실에서 상당 부분 외면되었음을 여실히 드러내고 있다.

이제 나는 마지막으로 서구적 모더니티의 영향권 속에서 여전히 헌정주의의 종교적 차원을 탐색하고 있는 일련의 지적 조류들을 일별하는 방식으로 두서없는 해제를 마무리하고자 한다. 내가 보기엔 자연법의 부활이나 그 액체화에도, '68혁명'의 여진을 담은 세계체제론-포스트모더니즘-반인간중심주의에도, 사회주의 혁명운동과 해방신학이나, 네오토미즘 및 규범적 자유주의나, 종말론적 메시아주의와 타자현상학 중 어디에도 배타적으로 소속되지 않은 일군의 헌정주의자가 서구 사회의 이곳저곳에서 부정기적으로 출몰하고 있다. 매우 다양한 지적 배경을 가진 이들은 대체로 자신이 헌정주의자로 지칭될 수 있는지도 잘 알지 못하고, 서로에 대해서도 제대로 식별할만한 식견을 갖추지 못했으며, 그 결과 심지어는 서로를 완전히 오해하기까지 한다. 게다가 앞서 다른 조류들을 식별하기 위한 지표로 활용했던 신학적 접근과 철학적 접근의 조응조차도 이들에게는 아직 그다지 뚜렷하지 못한 것 같다. 그러나 헌정주의의 종교적 차원을 다시 수립하기 위해서라면 지금은 비록 비체계적이라는 비난을 감수할지언정 어떤 호명呼名이라도 감행해야만 할 시점이 아닐까?

기독교 정치신학의 범위에서라면 나는 삼위일체 신학의 대두를 첫손에 꼽고 싶다. 성삼위일체는 사도들의 신경에서부터 확인되는 기독교 신학의 정통이자 정수이지만, 오랫동안 군주제적 통치를 연상케 하는 전통적인 유일신론과 적극적인 차별화가 이루어지지 못했다. 하지만 지난 세기 후반 위르겐 몰트만이 성삼위일체를 정치신학의 핵심 주제로 삼은 이후, 특히 신의 세 위격 사이의 관계를 표상하는 페리코레시스perichoresis, 즉 상호적 침투 또는 내주라는 핵심 관념으로부터 신에 대한 새롭고도 깊은 이해가 도출되고 있다. 사회이론의 영역에서 이에 대응할만한 시도로는 공화주의 정치이론과 기능적 사회체계론의 대두를 지목할 수 있을 듯하다. 전자를 대표하는 필립 페팃은 '불간섭으로서의 자유'가 아니라 '비지배로서의 자유'를 중심으로 권력의 견제와 균형, 법의 지배, 시민적 견제력의 확보를 동시에 이룰 수 있는 정치이론을 제시했고, 후자를 이끈 니클라스 루만은 기능적 사회체계의 커뮤니케이션을 통한 자기재생산과정 속에서 인간에게 필요한 다원주의적 자유가 구체적으로 움트고

깃들 수 있음을 해명했다.

그러나 앞에서 말했듯이 성삼위일체에 관한 신학적 성찰은 여전히 제도적 교회 또는 크리스천 공동체의 범위 안에 갇혀 있고, 공화주의 정치이론이나 기능적 사회체계론은 그보다 더욱 좁은 분과학문의 전공 담벼락 안에서 맴돌다가 그칠 따름이다. 헌정주의의 종교적 차원을 다시 수립하기 위해서는 이들을 각자의 밀실로부터 해방하여 특히 신학과 세속학문의 경계를 뛰어넘어 서로를 읽고 서로에게 배워 인간과 사회와 세계에 대한 새로운 이해로 함께 나아갈 수 있도록 해야 한다. 이러한 관점에서 나는 21세기에 들어와 일군의 세속주의 철학자들이 벌였던 사도 바울에 대한 흥미롭고도 이례적인 토론에 주목하고 싶다. 주체에 관한 서구적 모더니티의 이해를 급진적으로 재구성하려는 이들의 토론에서 어쩌면 헌정주의의 종교적 차원을 다시 수립할 수 있는 '헌정적인 것'의 개념을 확인할 수 있을지도 모르기 때문이다.

대표적으로 알랭 바디우는 주체가 진리를 인식하고 실천한다는 종래의 시각을 완벽하게 뒤집어 진리에 의해 구성되는 주체를 전면에 내세운다. 이때 존재를 주체로 구성하는 진리의 현현은 '사건event'라는 특별한 계기에 의해 이루어진다. 계시와 성육신이라는 기독교 신학의 개념을 연상케 하는 이러한 발상에서 사도 바울은 보편적-정언적 자유와 평등에 의해 재구성되는 자유민주주의의 첫 번째 주체가 되기에 부족함이 없다. 또한 조르조 아감벤은 사도 바울을 주어진 시간을 다른 시간으로 재시간화함으로써 결코 시간화될 수 없는 바깥을 정초하는 인물로 묘사한다. 따라서 사도 바울은 보편적-정언적 자유와 평등에 의해 스스로를 주체화하면서도 여전히 그 바깥에서 다가올 메시아적 개입을 기다릴 수 있게 된다. 아감벤이 포착한 이 지점은 정치적 사유를 재사유화하는 지점, 즉 '헌정적인 것'이 발생하는 곳으로 생각할 수 있을 것이다.

헌정주의의 관점에서 바디우와 아감벤의 사도 바울 이해는 보편적-정언적 자유와 평등을 수행하면서 그 안팎을 넘나들 수 있는 근대적 헌정주의의 주체가 가진 특이성에 대한 설명이다. 이에 비해 슬라보예 지젝은 그와 같은 주체가 어떻게 발생할 수 있는지에 깊은 관심을 기울인다. 그가 주목하는 것은 사도 바울 자신이 아니라 그가 자신의 주체적 재구성을 위해 전제하는 전적 타자에 대한 독특한 이해, 즉 케노시스kenosis다. 타자를 위해 자신을 비워 종의 형체를 가지고 죽기까지 봉사하는 이 전적 타자와의 만남은 바디우가 말하는 '사건'과 유사하며, 그 전적 타자와의 궁극적인 연합(부활)에 대한 소망은 아감벤이 말하는 기다림의 근거가 된다. 지젝은 타자를 위한 케노시스를 통해서만 헌정주의적 주체가 재구성을 위한 부활을 시도할 수 있다고 말하는 듯하다. 이는 그가 신과 인간의 죽음을 선언하는 포스트모더니즘에 맞서 기독교적 유산이 왜 싸울 가치가 있는지를 강조하는 이유이기도 하다. 사도 바울의 정치신학을 초점으로 서구적 모더니티의 주체를 재구성하려는 이러한 시도들은 '헌정적인 것'의 원점으로 돌아와 정치적 사유를 근본에서부터 다시 사유하려는 기획들이다. 이러한 논의에서 어떠한 결과가 나올지는 아직 미지수이나, 이로 인해 헌정주의의 종교적 차원을 다시 수립할 수 있다는 희망이 확인된 것은 큰 소득이다.

1   *Man and His Government* (1963), 특히 서론과 1장, 2장을 볼 것.

2   이 점에 관한 설득력과 영향력을 갖춘 진술은 찰스 하워드 맥일
    웨인Charles Howard McIlwain, *Constitutionalism: Ancient and Modern*
    (1940)을 볼 것. 여기서 그는 그 자신이 갈수록 "로마의 공화국 헌법
    의 의의와 중요성에 감명받고 있다"고 말한다(p.43).

3   *Republic* 433e. 이 결정적인 문구는 다양한 방식으로 표현되었다. 콘
    포드Cornford는 이렇게 표현한다. "정의란 사람이 당연한 몫을 가
    지고 자기 자신을 돌보아야 한다는 의미다Justice means that a man
    should possess and concern himself with what properly belongs to him." 린
    제이A. D. Lindsay는 〔정의란〕"우리에게 속한, 그리하여 우리의 고
    유한 무언가의 소유와 실행the possession and practice of what belongs
    to us and is our own"이라고 한다. 하지만 이 두 가지 중 어느 것도 조
    웨트Jowett의 고전적인 표현, 즉 "각자에게 고유한 것, 그리하여 그
    에게 속한 것을 가지고 행하는 것having and doing what is a man's own,
    and belongs to him"에 비해 확실히 나아진 것으로 보이진 않는다.

4   (옮긴이주) 법의 계율은 이것이다. "품격있게 사는 것, 타인을 해치지
    않는 것, 각자에게 그의 몫을 주는 것Iuris praecepta sunt haec: honeste

vivere, alterum non laedere, suum cuique tribuere"(D.1.1.10.1 울피아누스).

5   이 점은 글렌 모로우Glenn R. Morrow의 *Plato's Cretan City* (1960)에
    서 단호하게 언명되었다. "… 아테네에서 유럽대륙이나 미국적인
    의미의 용어로서 헌법은 알려져 있지 않았다는 사실을 우리는 반드
    시 기억해야만 한다. …"(p. 232). 그리고 나서 그는 다양한 위원회들
    과 다른 관직들을 인용하면서 그것들 각각의 권한과 기능에 명백한
    한계가 지워져 있지 않다는 것을 지적하는 방식으로 자신의 논지를
    발전시킨다. 이는 분명한 사실이지만 더욱 심중한 것은, 퓌스텔 드
    쿨랑주Fustel de Coulanges와 칼 부르크하르트Carl Burckhardt가 강조
    한 바와 같이, 사적 영역에서 시민에 대한 보호가 전혀 존재하지 않
    았다는 점이다.

6   예를 들어 칼 포퍼Karl Popper, *The Open Society and Its Enemies* (1940)
    를 참조할 것. 이 책 및 주제와 관련된 다른 문헌들의 유용한 발췌가
    토마스 쏠슨Thomas L. Thorson, *Plato: Totalitarian or Democrat?* (1963)
    에 의해 제공되었으나, 그 책에서 제안된 양자택일은 잘못된 것이다.
    보다 균형 잡힌 진술로는 모로우의 앞의 책(1960) 279쪽을 볼 것.

7   *Laws* 907d~910d.

8   예를 들어 1279a & b, 1293a & b. 아울러 이런 헌법 정부는 그리스
    의 폴리스들poleis 가운데 주기적으로 나타나는 것으로 인식된 것이
    분명하다. 하지만 '완전'을 기하기 위해서는 고결한 시민들을 필요
    로 할 수밖에 없으며, 이에 따라 아리스토텔레스의 정치학은 파이
    데이아paideia, 또는 프랑스인들이 부르는 대로 그 속에서 시민들이
    형성되는 포르마치옹formation에 관한 토론에서 절정에 도달하게
    된다.

9   특히 jus imaginum에 대한 강조를 참조. *Historia*, VI, 53. 이 종교적
    측면의 핵심적 중요성은 에버하르트 부르크Eberhard F. Bruck에 의

해서 강조된 바 있다. *Ueber Roemisches Recht im Rahmen der Kulturge-schichte* (1954), pp. 1 ff.

10 아직까지 이 가지각색의 모자이크에 관한 가장 인상적인 묘사는 테오도르 몸젠Theodor Mommsen의 위대한 *Roememisches Staatsrecht* (1871 and later)이다. 세부 내용이 서술된 지 오래되었음에도 불구하고 이 책은 제도적 분석의 기념비로 남아 있다.

11 McIlwain, *op. cit.*, p. 48, 그의 분석은 루돌프 폰 예링Rudolf von Ihering의 *Der Geist des Roemischen Rechts* (1866~1871)에 기초한 것이다.

12 이러한 변화에 대해서는 특히 로널드 사임 경Sir Ronald Syme, *The Roman Revolution* (1939, 1960)을 볼 것.

13 F. de Zulueta, "The Science of Law," in *The Heritage of Rome*, ed. Cyril Bailey (1924), p. 174.

14 *De Republica* I. 25, 32. 이러한 "정의" 또는 특징짓기를 거부하는 성 아우구스티누스의 입장에 관한 추후의 토론을 참고할 것.

15 *De Legibus* I. 4, 14 and II. 5, 12.

16 조지 홀란드 세바인George Holland Sebine과 스탠리 바니 스미스Stanley Barney Smith가 쓴 키케로의《국가론Commonwealth》의 편집에 대한 서론(1929)을 참고할 것. *De Republica* III. 13 및 I. 29(이후의 인용문은 여기서 따온 것임), 또한 II. 23~24도 참고할 것.

17 여기에 대해서는 앙리이레네 마로Henri-Irénée Marrou, *Saint Augustine et la Fin de la Culture Antique* (1938), 특히 제1부를 볼 것. 로마적 전통은 다른 교부들, 특히 테르툴리아누스Tertullian의 관점에도 들어 있다. 에드가 살린Edgar Salin의 *Civitas Dei* (1926), 특히 103쪽의 서술은 테르툴리아누스의 "신앙은 교리에 있는 것이다. 그것은 법률을 포함하며 법률의 준수와 함께 구원을 포함한다(Fides in regula posita est, habet legem et salutem de obseruatione legis)"를 인용하고, "학

식의 법률적 특성에 대한 엄격한 강조"를 언급한다. 이에 관한 보다 최근의 논의에 관해서는 허버트 딘Herbert A. Deane, *The Political and Social Ideas of Saint Augustine* (1936)의 제3장, 제4장을 볼 것. 여기서 딘은 칼 프리드리히Carl J. Friedrich, *The Philosophy of Law in Historical Perspective* (1958; 1963)의 제5장에서 피력된 입장을 인상적으로 정교화했다. 위의 텍스트는 프리드리히의 책에도 나온다.

18 *Civitas Dei* XIX. 24. "res publica est res populi ... populus est coetus multitudinis rationalis rerum quas diligit concordi communione sociatus." 앞의 책(1958; 1963) p. 36에서 내가 지적했듯이, "이 딜리게레diligere라는 표현이 사랑 또는 자선이라는 기독교적 개념과 얼마나 오래 동일시될지는 의문스러울 수 있다. 하지만 딜렉티오 프록시미dilectio proximi 또는 '이웃사랑'이라는 용어의 관점에서는 아우구스티누스가 키케로에게서 발견되는 법적 공동체의 이교적 개념을 기독교적인 의미로 변환 "또는 재해석하고자 했다고 볼 수 있을 것 같다". 이후로는 관례상 "사랑"이라는 용어가 사용될 것이다.

19 *Civitas Dei* IV. 4. "그렇다면 정의를 빼고 나면 왕국이란 거대한 강도떼가 아니고 무엇이란 말인가? 강도떼도 작은 왕국이 아닌가? Remota itaque justitia quid sunt regna nisi magna latrocinia? quia et latrocinia quid sunt nisi parva regna?"

20 이것이 찰스 맥일웨인Charles H. McIlwain, *The Growth of Political Thought in the West* (1932), pp. 154 이하에서 발전되고 딘Deane의 앞의 책 pp. 120 이하에서 사려 깊고 설득력 있게 반박된 입장이다. 하지만 그는 레그눔과 레스 푸블리카의 구분을 완벽하게 인식하는 데는 실패했다.

21 딘Deane의 앞의 책 p. 297 n. 24는 성 아우구스티누스의 편지에서 흥미로운 구절을 인용하고 있다. "하나님은 풍요롭고 명예로운 로

마제국에서 진정한 종교 없이 시민적 덕성이 얼마나 많이 성취될 수 있는지를 보이셨다…." Ep. CXXXXVII, III. 17.

22 XIX. 21. "Mihi lex esse non videtur, quae justa non fuerit." 이것은 내가 딘Deane과 날카롭게 갈라지는 지점이다. 내가 아는 한 그는 "효력validity"을 강조하느라 이 점을 놓치고 있다. 딘은 "내가 발견할 수 있었던 범위에서 아우구스티누스는 그 생애의 나머지 40년 동안 저술된 어느 글에서도 실정법이 하나님의 영구법 또는 자연법(효력을 인정한다면)을 반드시 따라야만 한다고 말한 적이 없다"(앞의 책, p. 90). 나도 동의한다. 하지만 아우구스티누스는 '참된 정의'와 그것의 이미지들을 구별한 것과 마찬가지로(내 독해에 따르면, 이는 '완전한' 정의와 '부분적인' 정의의 구분으로도 말할 수 있다), '참된 법'과 죄에 가득 찬 인간들이 법이라고 부르는 현실적으로 유효한 규칙들을 구분한다. 왜냐하면 그것들이 없다면 질서와 평화는 유지될 수 없기 때문이다. 나의 *Philosophy of Law in Historical Perspective*, p. 39를 참조할 것.

23 Cicero, *De Legibus*, II, 4. 라틴어 구절은 "lex non hominum ingeniis excogitata"이다. 다음 인용도 같은 곳. 자세한 것은 나의 *Philosophy of Law in Historical Perspective*, chap. iv를 볼 것.

24 이 질문에 관한 보다 자세한 취급은 나의 논문 "Justice: the Just Political Act" in *Nomos* VI (1963), ed. Friedrich and Chapman 및 *Man and His Government* (1963)의 제15장을 참조할 것. 여기서 이 문제는 일반정치이론의 보다 넓은 맥락 속에서 다루어졌다.

25 여기서의 서술은 *Constitutional Government and Democracy* (1937, 1950)의 제2부, 보다 특별히는 7~9장에서 피력된 나의 분석의 연장선상에 있다. 이 분석은 *International Encyclopedia of the Social Science*의 "Constitutionalism" 항목에서 수정, 보완되었으며, *Man and His*

Government (1963) 제15장에서 일반이론적인 방식으로 제시되었다.

26 (옮긴이주) 한 류類 개념 속의 어떤 종種 개념이 다른 종 개념과 구별
    되는 요소.

27 나는 플리쉬케Plischke가 편집한 *Systems of Integrating the International
    Community* (1964)에 기고한 논문에서 헌법적 과정의 관념을 발전시
    켜 그 특징들 가운데 하나인 '연방주의'에 특별히 적용한 바 있다.

28 아리스토텔레스, *The Constitution of Athens*, chaps. v~xii 참고. 찰스
    하워드 맥일웨인은 그의 연구 *Constitutionalism, Ancient and Modern*
    (1940)에서 이 대비를 발전시키지 않은 채, 그 자신이 공통점으로
    취급하는 법 아래 있는 정부의 측면만을 강조한다. 법 아래 있는 정
    부가 헌정주의의 한 가지 측면이라는 점은 분명하지만, 근대적인
    의미에서는 프리드리히 대왕 시대의 프러시아와 같은 비헌정적 정
    부도 존재해왔다. 이는 현대적 유형의 헌정적 질서를 가지지 못한
    법치국가Rechtsstaaten들이다. 현대의 전체주의적 정권들 중 일부는
    그와 같은 법 아래 있는 권위주의적 정부의 방향으로 진화하고 있
    음을 주목할 것.

29 이 원문을 라틴어와 다양한 방언으로 번역하는 작업은 정치적 복종
    에 관한 서구 사상의 오랜 역사와 결부되어 다양한 견강부회식의
    해석을 산출해왔다. 중세적 시각에서 저항권을 살핀 최근의 훌륭한
    연구로는 존 루이스John D. Lewis와 오스카 재스지Oscar Jaszi, *Against
    the Tyrant: The Tradition and Theory of Tyrannicide* (1957)을 볼 것. 선행
    연구들 중 가장 권위 있는 것은 쿠르트 볼젠도르프Kurt Wolzendorf,
    Staatsrecht und Naturrecht in der Lehre vom Wiederstandsrecht des Volkes
    (1916)이다.

30 그레타 샤르펜오르쓰Greta Scharffenorth, "Römer 13 im Politischen
    Denken" (unprinted dissertation, 1963)은 특별히 종교개혁가들의 사

상 속에서 로마서 13장의 정치적 함의들을 조심스럽게 탐색한 바있다.

31 이에 관해서는 특히 다음 문헌들을 참고할 것. 에티엔 질송Etienne Gilson, *Le Thomisme-Introduction au Systéme de Saint Thomas d'Aquin* (1927); 토마스 길비Thomas Gilby, *The Political Thought of Thomas Aquinas* (1958); 오 쉴링O. Schilling, *Die Sozial- und Staatslehre des hl. Thomas von Aquin* (1930) (2nd ed.); 해리 자파Harry V. Jaffa, *Thomism and Aristolelianism: A Study of the Commentary by Thomas Aquinas on the Nichomachean Ethics* (1952).

32 *Summa Theologiae* (이후로는 ST로 인용한다) II. i. 95.4, 이는 제2부, 제1편, 95문, 소문 4를 의미한다. 나는 기독교저술가서고the Biblioteca de Autores Cristianos의 마드리드 편집본(1952)을 사용해왔다. 또한 II. ii. 42.2도 볼 것. 여기서는 폭군tyrannus이 오히려 폭동을 일으키는 자magis seditiosus로 지칭되고 있다. 폭군은 정의롭지 않으며, 따라서 그러한 정부를 혼란스럽게 하는 것은 폭동으로 여겨지지 않는다.

33 특히 *De Regimine Principum*, Bk I, chaps. i~iii. "군주가 다스리는 정부가 최상인 것과 마찬가지로 폭군이 다스리는 정부는 최악이다." "군주란 하나의 정치공동체 또는 지방의 다수를 공공선을 위해 다스리는 자다Rex est qui unius multitudinem civitatis vel provinciae et proper bonum commune, regit."

34 (옮긴이주) 이하 신학대전의 번역은 다음 영역본에 의존한다. R. J. Henle, S.J. ed., *Saint Thomas Aquinas-The Treaties on Law*, University of Notre Dame Press, 1993.

35 자크 자일레르Jacques Zeiller, *L'Idee de L'Etat dans Saint Thomas d'Aquin* (1910), p. 9.

36 그 증거는 그랍만M. Grabmann, *Die Werke des hl. Thomas von Aquin* (1931)을 볼 것. 아울러 망도네P. Mandonnet, *Des Ecrits Authentiques de Saint Thomas d'Aquin* (2nd ed., 1910)도 참고하라.

37 (옮긴이주) 이하 군주통치론의 번역은 다음 영역본에 의존한다. Ptolemy of Lucca, with portions attributed to Thomas Aguinas, *On the Government of Rulers/De Regimine Principum*, tran., James M. Blythe, University of Pennsylvania Press, 1997.

38 *De Regimine* Bk. IV, chap. vii.(III의 오기로 보인다). 또한 다음도 주목할 것. "그들은 로마공화정을 '폴리티아'라고 부른다. 이 용어는 폴리스로부터 온 것으로 '여럿' 또는 '시민공동체'라는 의미인데, 그 이유는 이 정체가, 특히 이탈리아의 여러 지역에서 우리가 보듯이 그리고 예전에 아테네에서 번성했던 것과 같이 원래 의미로는 시민공동체에 관한 것이기 때문이다tale [the Roman Republic] regimen politiam appellant, a polis qui est pluralitas, sive civitas, quia hoc regimen proprie ad civitates pertinet, ut in partibus Italiae maxime videmus, et olim viguit apud Athenas⋯." IV. i. 이 인용문의 출처도 앞과 같다.

39 Book IV, chap. ii. "따라서 이제 그것들의 헌법에 관해 논해야 한다 ideo de ipsius constitutione nunc est agendum⋯." *De Regimine*는 그 다음 헌정질서가 확립되는 절차와 그 이유를 상술한다.

40 존 포테스큐 경Sir John Fortescue, *The Governance of England*, ed. 플루머Plummer (1885; rev. ed., 1926), chap. ii. 포테스큐의 범주는 정치적 정체와 제왕적 정체다. 여기서 정체regimen는 법jus 또는 지배dominium와 마찬가지다. 또한 *DeLaudibus Legum Angliae*, chaps. 9 ff.도 참고할 것.

41 나는 개인적으로 프톨레미가 토마스 아퀴나스의 노트 또는 후반부의 스케치로부터 작업했으리라는 망도네의 견해에 기울어지고 있

다. 망도네데스레즈Mandonnet-Destrez, *Bibliographie Thomiste* (1921), p. xx. 그러나 이 관점은 위 본문의 논의에 결정적인 것은 아니다.

42 *ST* II. I. 95.4.

43 "불법적인 법illegal law"의 관념에 관해서는 아래의 논의를, 그리고 텍스트와 인용들에 관해서는 *ST* I. I. 90.2.을 볼 것.

44 *De Regimine*, Book Ii, chap. xi.

45 칼 프리드리히C. J. Friedrich, *The Philosophy of Law in Historical Perspective* (1958), chap. vi. 참고.

46 이 점에 대한 강조로는 찰스 하워드 맥일웨인Charles Howard McIlwain의 고전인 *The High Court of Parliament and Its Supremacy* (1910) 를 볼 것. 다만 내게는 학식 높은 이 저자가 아마도 논점을 조금 과장한 것으로 여겨지기는 한다.

47 II. i. 90.4. Jus에 관한 토론은 II. ii. 57.1~4에서도 발견된다. 때때로 혼동되는 것이기는 하나, jus를 justitia와 동일시하는 것은 허용될 수 없다. 왜냐하면 이 소문들의 첫 부분에서 토마스가 jus가 justitia의 목적이 될 수 있는가를 검토한 뒤 긍정적으로 답하고 있기 때문이다. 제시된 번역문은 흔히 인용되지만 본문에 대해 많은 주해가 붙어있는 도미니칸 수도회의 번역문과 다르다.

48 실제적인 논거는 앞의 주석 42번에 언급된 부분에 더 완전하게 서술되어 있다. 또한 하인리히 롬멘Heinrich Rommen, The State in Catholic Thought (1945), chap. viii. 또한 참고할 것.

49 "아무도 [영구법을] 그 자체대로 인식할 수 없다Nullus potest cognoscere secundum quod est in seipsa." II. i. 93.2. 그러나 "모든 이성적 피조물은 그것의 어떤 방사효에 따라 [영구법] 그 자체를 인식한다 omnis creatura rationalis ipsam cognoscit secundum aliquam ejus irraduationem." ibid.

50 "… 모두에게 알려져 있는 가장 보편적인 어떤 계율들 … 이차적 계율들 … [가까운 원리들의] 말하자면 결론들이다. …(… quaedam praecepta communissima, quae sunt omnibus nota … secundaria praecepta … quae sunt quasi conclusiones. …)" II. i. 94.6.

51 *In Decem Libros Ethicorum Aristotelis ad Nichomachum Expositio.* 나는 1949년에 출판된 레이문디 스파찌Raymundi M. Spazzi의 훌륭한 편집본을 이용해왔다. 또한 토마스 아퀴나스의 사상과 아리스토텔레스의 사상의 관계에 관한 통찰력 있는 연구로는 해리 자파Harry V. Jaffa, *Thomism and Aristotelianism: A Study of the Commentary by Thomas Aquinas on the Nichomachean Ethics* (1952)를 볼 것. 여기서 저자는 정의의 문제를 특별히 강조하지 않고, "아퀴나스가 비非아리스토텔레스적인 원리들을 마치 아리스토텔레스적인 것처럼 취급하면서 그 원리들을 아리스토텔레스의 탓으로 돌리고 있다"고 주장한다(p. 187).

52 그리스 용어인 diorthotikon은 토마스 아퀴나스나 다른 많은 번역자들에 의해 commutative(교환적)이라고 부정확하게 표현되었다. 그것은 차라리 교정적corrective이라는 의미이다. 그리고 그처럼 이해될 경우, 그 의미는 확실히 처벌하는 신이라는 의미와 관련된다. 그러나 토마스는 그것을 주로 사고파는 것과 같은 교환적 의미로 생각한 까닭에 무언가를 서로 주고받는 것과 같은 의미를 신에 대해서는 부인해야만 했다. 이 글에서는 토마스의 사상에 관련되기 때문에, 본문에서 교환적이라고 쓴 것이다.

53 "Justitia igitur Dei, quae constituit ordinem in rebus conformam ratione sapientiae suae, quae est lex ejus, convenienter veritas nominatur"(I. i. 21.2).

54 "Opus autem divinae justitiae semper praesupponit opus miseri-

cordiae et in eo fundatur"(I. iI. 21.4).

55 "… justita est habitus secundum quem aliquis constanti et per-
petua voluntate jus suum cuique contribuit"(II. ii. 58. 1). 위의 서술
은 II. ii. 58.2.에서 발견된다.

56 다음과 같은 결정적인 구절을 인용하는 것이 최선이겠다. "정의의
문제는 외적 작용으로, 그에 따르면 그 작용 자체 또는 그 작용을 통
해 우리가 사용하는 것이 우리가 정의에 의해 규율하는 다른 사람
들에게 비례적으로 된다. 그런데 각자의 몫이란 비례적 평등에 따
라 그에게 속해야만 하는 것이라고 말해진다Materia justitiae est op-
eratio exterior secudum quod ipsa, vel res, qua per eam utimur, proportiona-
tur alteri personae, ad quam per justitiam ordinamur. Hoc autem dicitur esse
suum unius cuiusque quod ei secundum proportionis aequalitatem debetur"
(II. ii. 58.11).

57 II. ii. 58.12. 그리고 나서 아퀴나스는 아리스토텔레스의《수사학》
을 인용한다. 하지만 아리스토텔레스는 단순히 정의와 용기가 다른
사람들을 이롭게 하기에 사실의 문제로서 존중받는다는 점을 보고
하고 있을 뿐이다. 뫼어베크Moerbeke의 번역에서 알 수 있듯이, 기
독교적 내용을 가미하고는 있지만 아퀴나스는 그에 선행하는 모든
논의들에서 얼마간 아리스토텔레스의 용어들을 따르고 있다.

58 두 종류의 윤리의 중대한 구분과 그 함의에 관해서는 허버트 슈피
겔버그Herbert Spiegelberg, *Gesetz unt Sittengesetz* (1935)를 볼 것. 도덕
법lex moralis에 대한 저자의 선입견 때문에 토마스의 중요성은 적절
하게 발전되지 못했다. 정법正法(legalis justitia)은 그와 동등하게 뜻이
깊다.

59 토마스에서 신법lex divina이라는 용어는 예를 들어 II. i. 94.5와
100.9에 나온다. 여기서 그것은 *lex vetus*(II. I. 98~105)와 *lex nova*(II. i.

106~108)라는 표제 아래 길게 논의된다.

60 II. i. 94.2. 이 글은 또한 처음 세 법을 묘사한다.

61 II. i. 94.3. "이성적인 영혼은 인간 형상에 고유한 것이므로, 모든 인간에게는 이성에 따라 행위 하려는 자연적 성향이 내재한다cum anima rationalis sit propria forma hominis, naturalis inclinatio inest cuilibet homini ad hoc quod agat secundum rationem."

62 II. i. 94.5~6. "그러한 공통의 원리들에 관한 한, 자연법은 결코 모든 인간의 마음에서 제거될 수 없다Quantum ergo ad illa principia communia, lex naturalis nullo modo potest a cordibus hominum deleri in universali." 현대 미국적 버전은 *The New Belief in the Common Man*(1942)의 "범인문주의Panhumanism"에 관한 장을 볼 것.

63 II. i. 105.1. 핵심 구절을 읽어보자. "그러한 최선의 정체란, 1인이 다스린다는 점에서는 왕정으로부터, 다수가 덕성에 따라 지배한다는 점에서는 귀족정으로부터, 인민에 의해 군주가 선출될 수 있고 군주의 선출이 인민에게 속한다는 점에서는 민주정, 즉 인민의 권력으로부터 잘 혼합된 정체이다Talis enim est optima politia, bene commixta ex regno, in quantum unus praeest; et aritocratia, inquantum multa principantur secundum virtutem; et ex democratia, idest potestate populi, inquantum ex popularibus possunt eligi principes, et ad populum pertinet electio principum." (바로 앞 문장은 다음과 같다. "따라서 최선의 정체는 일인이 모든 구성원을 통치하는 권한을 가지는 폴리스 또는 왕국이, 그 통치자 아래 다른 이들이 통치권을 가지면서도, 모든 구성원이 통치할 수 있고, 통치의 규칙이 모두에 의해서 선택되는 까닭에, 이러한 종류의 통치가 여전히 모두에 의해서 공유되는 형태이다." 그리고 나서 신명기 1장 15절, 출애굽기 18장 21절, 그리고 신명기 1장 13절을 인용한 후 다시 말한다. "이로부터 법이 정

했던 군주들의 임명이 최선이었다는 것이 명백하다Unde patet quod optima fuit ordinatio principum quam lex instituit."]

64 토마스 길비Thomas Gilby, *The Political Thought of Thomas Aquinas* (1958), pp.289~291.

65 에른스트 바커Ernest Barker, *The Dominican Order and Convocation* (1913), pp. 27 f. 참조

66 놀스M. D. Knowles, *The Religious Orders in England* (1948), chap xiii.

67 *De Regimine Principum*, Bk. III. chaps. iv~vi. 특히 다음의 구절에 주의할 것. "나아가, 그런데 애국심은 공동의 것을 자신의 것에 우선하고 자신의 것을 공동의 것에 우선하지 않는 자비심의 뿌리에 근거한다. … 그런데 자비심의 덕성은 의당 모든 덕성에 앞선다. … 그러므로 애국심은 다른 덕성들에 우선해 명예의 반열에 오르는 것이 합당하다Amplius autem amor patriae in radice caritatis fundatur, quae communia propriis, non propria communibus anteponit … virtus autem caritatis in merito antecedit omnem virtutem … ergo amor patriae super caeteras virtutes gradum meretur honoris." 그다음에 그는 같은 효과에 관해 키케로의《의무론De Officiis》을 인용하고, 살루스티우스Sallust를 따온 뒤에, 이웃과 신에 대한 사랑을 요구하는 성 누가와 신명기의 구절을 참조로 제시한다. 마지막으로는 이 로마적 정치질서를 마카베오주의자들Maccabeans의 정치질서와 연결시킨다.

68 (옮긴이주) 13~16세기 이탈리아 도시국가들에서는 폭력이나 합의에 의해 공화제가 폐지되고 평화를 유지할 수 있을 만큼 강력한 힘을 가진 한 사람에게 통치권을 이양하는 경우가 종종 있었다. 시뇨리아는 그러한 정치 형태 또는 그러한 통치자를 뜻한다. 1447년까지 밀라노를 다스렸던 비스콘티 가문이 대표적이다.

69 Marsilius of Padua, *Defensor Pacis*, ed. Scholz, Bk. I, chap. xi. 그다

음 장에 유명한 언명이 나온다. "입법자 또는 법의 첫 번째이자 고
유한 작용인causa effectiva은 인민 즉 전체 시민이거나 그 강력한 일
부이다legislatorem seu causam legis effectivam primam et propriam esse
populum seu civium universitatem aut ejus valenciorem partem ···"(para.
3). 에워트 루이스Ewart Lewis는 최근의 박식한 논문 "The 'Positiv-
ism' of Marsiglio of Padua"(*Speculum*, xxxviii, 1963, 541~588)에서 마
르실리우스의 법원칙이 거위스Gewirth, 라가드LaGarde, 뎅뜨레브
Entrèves에 의해 주장되어 온 것처럼 중세의 지배적인 관점에 배반
되거나 혁명적인 것은 아니라고 주장했다. Alan Gewirth, *Marsilius
of Padua: The Defender of Peace* (1951); Georges de LaGarde, *La Nais-
sance de l'esprit Laique au decline au moyen age*, Vol. III, "Marsile de
Padoue" (1934); A. P. d'Entrèves, *The Medieval Contribution to Politi-
cal Thought* (1939), pp. 61 ff. 참조. 루이스는 그녀의 중요한 교정을
약간 과장하고 있으며, 아퀴나스에 대한 그녀의 관점은 아퀴나스의
헌정주의를 고려하지 않고 있다.

70 Gewirth, *op. cit.*, pp. 23 ff.는 이 점에 관한 마르실리우스의 애매함
을 설명하는 제도적 배경을 제공한다.

71 《로마법대전》이래 의지가 법의 관념들을 형성하는 중요한 구성 요
소였으며, 의지는 또한 많은 중세 법이론의 특징이었다는 에워트
루이스의 주장은 확실히 올바른 것이긴 하지만 본문의 주장에 영향
을 미치지 못한다. 왜냐하면 그녀 자신의 논의에서도 시민들의 세
속적이고 합리적인 의지는, 심지어 기독교적 윤리에 의해 주조된
경우에도(그녀는 마르실리우스가 그렇게 믿었다고 설득력 있게 주장한다)
확실히 근본적으로 '주권적'이기 때문이다. 그녀는 입법자의 위치
를 급진적인 교황주의자들의 저작들 속에서 교황이 차지하는 위치
와 비교하기도 한다. p. 563을 보라. 하지만 나는 "마르실리우스의

고집스런 법적 관념은 중세 전통에서 이탈한 것이라기보다는 차라리 중세 전통을 정선精選한 것이다…"(p. 574 n. 12)라는 그녀의 주장에 상당히 동의한다. 그녀가 "중세 사상은 입법이라는 관념을 갖지 못했다는 완고한 전설"을 언급하고 있다는 점은 주목할 가치가 있다. 이 전설은 나의 *The Philosophy of Law in Historical Perspective* (1958, 1963), chap. vi에서 볼 수 있는 내용과 상반된다.

72 국가-교회 문제에 관해 마르실리우스의 교의가 아리스토텔레스와 가지는 복잡한 관계에 대해서는 마틴 그랩만Martin Grabmann의 박학한 연구, "Studien über den Einfluss der aristotelischen Philosophie auf die mittelalterlichen Theorien über das Verhältnis von Staat und Kirche," *Sitzungsberichte der Bayerischen Akademie der Wissenschaften*, Philos.-Hist Abt. (1934), chap. ii와 거기서 토론되는 문헌들, 특히 바타글리아Battaglia, 라가드, 숄츠Sholz 등을 볼 것.

73 이 진술의 첫 부분에 대한 폴 지그문트Paul E. Sigmund Jr.의 "The Influence of Marsilius of Padua on XVth Century Conciliarism", *Journal of the History of Ideas*, XXIII (1962), 392~402를 참조.

74 Grabmann, *op. cit.*, pp. 58 f. 참고. 이 저자는 *Dictionnaire de théologie catholique*의 오컴에 관한 리비에르Rivière의 고전적인 논문을 참조하면서도, 그와 같은 영향에 반대하여 더 많은 흥미로운 증거들을 덧붙인다.

75 (옮긴이주) 1302년 교황 보니파키우스 8세가 반포한 교회법령으로서 교회와 국가의 관계에 관해 소위 '양검론'에 근거해 교황의 보편적 지배권을 천명했다. 이 교령은 당시 통일 전쟁을 수행하고 있던 프랑스 왕 필립 4세와의 갈등에서 나온 것으로 중세 로마가톨릭 교황주의의 정점이자 그 몰락을 예고하는 것이다.

76 에티엔 질송Etienne Gilson, *The Unity of Philosophical Experience* (1950),

chap. III.는 이 주제를 더욱 넓은 맥락에서 다룬다. "회의주의로의
길Road to Skepticism"이라는 제목은 기본적 주제의 표시다.

77 폴 비뇨Paul Vignaux의 Justification et Prédestination au XIV Siècle
    (1934)에 인용된 오컴Ockham, IV, Sententiae, qu. viii~ix, E, 이것과
    그다음 인용에 관해 나는 돔 데이비드 그랜필드Dom David Granfield
    의 훌륭한 논문 "The Scholastic Dispute on Justice: Aquinas versus
    Ockham", Nomos, VI, Justice (1963)에 빚졌다.

78 Ockham, Dialogus, I. vi. 100. 그는 의미심장하게 덧붙이기를 "교회
    법의 말씀이나 시민법은, 신법, 즉 성경 또는 온전한 이성에 반대되
    는 한 준수되어서는 안 된다". 이와 같은 관점이 반교황주의자의 입
    장이라는 점은 명백하다.

79 이 대단히 시사적인 논의의 더욱 중대한 여러 차원들, 예를 들어 실
    재론 대 유명론, 세속 문제에 대한 교황의 직접적 권력과 간접적 권
    력potestas directa et indirecta pape in temporalibus의 구별, 그리고 마지
    막으로 재산권과 지배, 즉 도미니움dominium과 임페리움imperium
    의 상호관계 등은 제쳐둘 수밖에 없었다. 맨 나중 문제에 관해서
    는 리처드 매키언Richard P. McKeon, "The Development of the
    Concept of Property in Political Philosophy: A Study of the Back-
    ground of the Constitution", Ethics, XLVII (1938), pp. 297~366을
    볼 것. 정의에 대한 이 저자의 중요한 기여로는 Nomos VI Justice
    (1963)도 참고하라.

80 사고방식과 강조점의 이와 같은 변화는 루터와 멜랑히톤의 정치
    적 견해, 특히 저항에 관한 견해를 해석하는데 중요하다. 나의 Inevi-
    table Peace (1949), chap. iv. 참조. 또한 이 주제는 쉘던 월린Sheldon
    Wolin, The Politics of Vision (1960), chap. v.에서도 잘 발전되었다. 더
    많은 자료를 찾는다면 이 두 글을 볼 것.

81   *Christianae Religionis Institutio*, Bk. IV, chap. xx, par. 31. 번역은 칼뱅번역협회의 것이다(Edinburgh 1845~1846).

82   이 점은 쿠르트 볼젠도르프Kurt Wolzendorf에 의해 가장 효과적으로 언급되었다. *Staatsrecht und Naturrecht in der Lehre vom Widerstandsrecht des Volkes …* (1916). 또한 오스카 재스지Oscar jaszi와 존 루이스 John Lewis의 *Against the Tyrant* (1957)도 참조할 것.

83   여기 사용된《프랑코갈리아》(1665년판)의 판본은 가장 온전한 것이다. 이에 관해서는 비트리스 레이놀즈Beatrice Reynolds의 *Proponents of Limited Monarchy in Sixteenth Century France: Francis Hotman and Jean Bodin* (1931)을 보라.

84   *De Laudibus Legum Angliae*, chaps. xix ff. 포테스큐가 프랑스법에 그리 정통하지 않았다는 사실을 우리는 이미 언급한 바 있다. 하지만 이것은 여기서 우리의 주장과 관계가 없다.

85   *The Governance of England*, chap. xvi. 그는 만약 프랑스인들이 영국인들만큼만 용기가 있다면, 그들의 귀족적(제왕적) 질서에 대항해 봉기할 것이라고 확신했다. chap. xiii.

86   제도적 맥락의 흥미로운 상세에 관해서 어느 정도는 찰스 하워드 맥일웨인Charles Howard McIlwain, *Constitutionalism: Ancient and Modern* (1941), chap. iv.를 보라. 그러나 폴리티쿰politicum의 의미에 관해 포테스큐에 대한 맥일웨인의 해석은 완벽하게 정당하다고 볼 수는 없다.

87   토마스 스미스 경Sir Thomas Smith, *De Republica Anglorum* (1583). 이 책은 출판연도보다 조금 일찍 쓰였다. (내가 사용한) 엘제비어 Elzevir 시리즈에 포함된 것이 보여주듯, 이 책은 고전에 버금가는 minor classic 지위를 점하고 있다. 알스턴L. Alston이 서문을 쓴 이 책의 중요한 현대 판본이 1906년에 출판되었다. 이에 관해서는 알렌J.

W. Allen의 *A History of Political Thought in the Sixteenth Century* (1928), pp. 262~268을 볼 것. 또한 조지 모세George L. Mosse의 *The Struggle for Sovereignty in England* (1950), pp. 21 ff.와 프란시스 워무스Francis D. Wormuth, *The Origins of Modern Constitutionalism* (1949), 그리고 포코크J. A. Pocock, *The Ancient Constitution and the Feudal Law* (1957) 도 볼 것.

88 Smith, *op. cit.*, Bk. II. chap. ii.

89 이 점에 관한 상세한 설명 및 이의는 나의 *The Philosophy of Law in Historical Perspective* (1957), pp. 68~69를 볼 것.

90 후커의 논고, *The Laws of Ecclesiastical Polity*(교권정체법론)는 실제로 는 미완성이다. 우리는 처음 다섯 권을 가지고 있으며, 나머지 세 권 중 제8권은 대개 후커가 썼을 만한 형식을 가지고 있다고 여겨 지지만, 다른 두 권의 재구성에는 더 많은 의문이 있다. 후커의 작 품에 관한 표준적인 편집본은 존 케블John Keble에 의한 것이고, 처 치R.W. Church와 프랜시스 패짓Francis Paget의 개정판(1888)으로 다 시 출간되었다. 각 판본의 서문은 매우 중요하다. 또 뎅뜨레브A. P. d'Entrèves, *Riccardo Hooker: Contributo alla teoria e alla storia del diritto naturale* (1932)도 중요하다. 좀 더 최근의 연구 성과로는 셜리F. J. Shirley의 *Richard Hooker and Contemporary Political Ideas* (1949)를 언 급할 수 있다. 내 책(1957) *op. cit.*, pp. 69 ff.과 피터 문츠Peter Munz, *The Place of Hooker in the History of Thought* (1952)도 참조.

91 Shirley, *op. cit.*, pp. 90 ff. D'Entrèves, chap. iv.

92 Hooker, *op. cit.*, I, iii, 2 (권, 장, 문단 참조).

93 (옮긴이주) 토마스 아퀴나스는 신학대전 제2부 제1편 제91문 소문 6에서 사도 바울이 로마서 7장 25절에서 사용하고 있는 육신(죄)의 법fomes peccati이 독립된 법의 종류로 논의될 수 있는지를 숙고한

다. 그의 결론은 육신(죄)의 법은 오로지 이성의 법의 일탈로서만 논의될 수 있다는 것이다. 그에 따르면 법이란 본래 신적 이성에 대한 참여이기 때문이다.

94 (옮긴이주) 자연인은 자신이 원하는 바를 선택할 수 있으나, 그 의지는 죄의 지배를 벗어날 수 없다는 주장. 전적 타락의 이론에 입각한 루터나 칼뱅의 교리가 취한 입장이었으며, 신의 전적·배타적 주권론과 논리적으로 연결된다.

95 III, ix, 2. 토마스 아퀴나스, *Summa Theologiae*, II. i. 91.3.을 인용함. 제2장에서 보았듯이, 아퀴나스의 견해는 후커의 견해와 진정으로 동일하지는 않다.

96 그러나 심지어는 동의가 흩어져버리고 난 뒤에도 후커는 복종의 의무를 회피할 수 있는 법적 가능성이 없다고 본다. VIII, ii, 10과 그 뒤 참조. 법과 동의를 강조하면 정반대의 결론도 나올 수 있다.

97 실제로 셜리는 튜더 왕조의 전제주의를 말한다. 물론 그중 일부는 과장이다. 하지만 관련된 주제들에 관한 그의 일반적인 논의(앞의 책, chap. v)는 제법 정확하다. 후커가 필머Filmer의 선구자가 아니었다거나 그가 "어느 곳에서도 군주제가 유일하게 신이 제정한 정부 형태라는 언급을 하지 않았다"는 관찰이 그러하다(p. 105). "사실 후커는 영국적 상황을 목도하고 있었다"는 데는 동의하는 편이다. 유일한 의문은 그 상황이란 것이 우리가 생각하는 것이냐 아니면 그의 동시대인들이 보았던 것이냐인데, 나는 후자가 의심스럽다.

98 (옮긴이주) 법과 입법자로서의 신에 대한 논고Treaties on the Laws and God the Lawgiver.

99 Shirley, *op. cit.*, p. 174. 이어지는 페이지들에는 이 두 책의 대조에 관한 흥미로운 요약이 제시되어 있다.

100 *Tractatus*, III, ii, 3과 III, iv, 1.

101 칼 요아킴 프리드리히Carl Joachim Friedrich, *Johannes Althusius (Althaus) Politica Methodi Digest*. 서론과 함께 제3판으로부터 재발간(1932). 나의 원래 입장에 대한 이러한 조정은 스탠리 패리의 (미간행) 학위논문에서도 제출되었다. Stanley J. Parry, "The Political Science of Johannes Althusius" (1953, Yale Univ). 또한 에릭 볼프Erik Wolf, *Grosse Rechtdenker der deutschen Geistesgeschichte* (4th ed., 1963) chap. vi, 그리고 피에르 메스나Pierre Mesnard, *L'Essor de la Philosophie Politique de XVIe Siecle* (1936, 2nd ed., 1951), Bk. VI, chap. ii. (선별된) 알투지우스 저술의 영역판이 바니F. S. Varney에 의해 준비되고 있다.

102 이 인용과 그 아래 서술은 Friedrich, *Johannes Althusius*, pp. Ixv ff. 하지만 나의 견해는 많은 관점에서 달라졌다. 연방적 측면을 발전시킨 것으로는 Friedrich, "International Federalism", 엘머 플리쉬게Elmer Plischke ed., *Systems of Integrating the International Community* (1963)를 참조할 것.

103 *De Civili Conversation Libri Duo* (1601), p.11. 동일선상의 논증을 보여주는 다른 사례로는 *Politica* XXXV, 1. 여기에는 마르실리우스의 생각이 담겨 있다.

104 (옮긴이주) "율법 없는 이방인이 본성으로 율법의 일을 행할 때는 이 사람은 율법이 없어도 자기가 자기에게 율법이 되나니"(로마서 2장 14절).

105 *Politica*, XXI, 40. 이 주제는 신앙의 기초로서 하나님의 말씀을 강조하는 프로테스탄트들에게는 중요한 관심의 대상이었다. 그렇기 때문에 알투지우스는 전 세대의 칼뱅을 포함한 다른 이들과 마찬가지로 다음 장인 22장 전체를 유대고유법Lex Propria Judaeorum과 그것이 기독교 정치공동체에도 유용한가의 문제에 바치고 있다. 그의 *Dicaeologicae libri II totum et universum jus, quo utimur, methodice com-*

plectentes (1617)를 볼 것. 이 책은 현존하는 법을 체계화한 뒤 로마법 및 이스라엘 법과 동등하다고 놓고 비교했다.

106 Cf. IX, 41 ff.; XXVIII, 63~66; VIII, 58.

107 *De Republica Libri Sex* (158) III, 7 참조. "Ferenda igitur ea religio est, sine Reipublicae interitu auferre non possis. Salus enim Reipublicae extrema lex esse debet"(알투지우스가 참조한 다른 구절은 IV, 7에서 발견된다). 놀즈Knolles는 이 부분을 다음과 같이 번역했다. "종교나 종파가 고초를 겪게 되는 원인은 국가라는 위험이나 파괴 없이는 제거될 수 없다. 정치공동체의 건강과 복지는 법이 존중하는 가장 중요한 것이다"(맥레이McRae의 편집본, 382쪽). 이 장에서 보댕은 독특하게 종교를 정치적인 양식으로 논의하고 있다. 그는 종교를 화합을 유지하는 데 도움을 주는 것이며, (부수적으로 1555년 아우구스부르크의 종교 화약을 언급하면서) 한 번 확립되면 의문이나 분규의 대상이 되어서는 안 되고, 강제되어서도 안 되는 것 등으로 취급한다.

108 IX, 42~43. 베네틱투스 아레티우스Benedictus Aretius(1505~1574)는 *Problemata Theologica* (1574)를 썼다.

109 XXVIII, 53~54. 유대인은 기독교 국가의 주민과 함께 살면서 사업을 할 수도 있다. 그러나 그들은 주민과 결혼할 수 없고, 유대인 회당을 지어서도 안 되며, 고리대금업이나 그와 유사한 혐오사업에 참여하는 것이 허용되지도 않는다. 말할 것도 없이, 이 모든 것은 비기독교적 종교를 신앙하는 유대인에 관한 것이며, 그들의 종족과는 아무런 관련이 없다. 정반대로 그들에게는 다른 불신자들의 경우와 마찬가지로 개종의 희망이 존재한다. 교황주의자들에 관해서는 56쪽을 보라.

110 *Ibid.*, p. 63. p. 64에서 그는 말한다. "그러므로 종교에서 방황하는

자들은 외적인 힘이나 육체의 무기가 아니라 오직 성령의 검과 말씀, 그리고 영적인 무기들로써 하나님의 권세로 다스려진다errantes igitur in religione, non vi externa, vel armis corporalibus, sed gladio spiritus, verbo & armis spiritualibus, per quae Deus potens est ... regantur ....") 여기서도 참조는 마찬가지로 Bodin, *op. cit.*, IV, 7과 신약성서의 많은 구절들이다. 위정자들은 신의 명령Dei imperium을 위반해서는 안 된다. 만약 그렇게 하면, 프랑스와 벨기에, 헝가리와 폴란드에서 그러했듯이 소요와 반란이 발생한다(65). 그러나 이 정도 말한 다음에 그는 모든 "무신론자들, 쾌락주의자들, 종파주의자들, 이단들, 미혹케 하는 자들atheos, epicureos, sectarios, haereticos, seductores"에 대한 심문과 처벌의 필요성을 반복한다. 알투지우스는 밀턴의 아레오파지티카Areopagitica가 아니라 장로교의 입장이다.

111 상이한 용어들과 그 의미, 그리고 이 문제의 다른 측면에 관해서는 나의 *Johannes Althusius, Introduction*, pp. lxxxviii ff. 특히 n. 2, p.lxxxix를 볼 것. 같은 책의 chap. I에서 논의했듯이 알투지우스주의자의 위치는 키케로주의자들과 흥미로운 유사성을 가지고 있다. 소유와 정부, 도미니움dominium과 임페리움imperium의 연계에 관해서는 위에서 인용된 매키언McKeon의 chap. ii. n. 46을 보라.

112 이 대조는 V, 4와 23, 서문에 명시적으로 인식되어 있다.

113 나는 알투지우스의 관점이 물적 대권majestas realis과 인적 대권 majestas personalis을 구분하기 원하는 관점과 혼동되면 안 된다는 점을 지적한 바 있다.(*op. cit.*, p.xc) 그로티우스는 파생적인 구분을 유지했다. 〔이 구분은 소위 이중주권론에 의해 구사되는 것이다. 이에 따르면 물적 대권은 영속적으로 정치공동체 그 자체에 있고, 인적 대권은 군주나 의회에 존재한다. 그로티우스는 주권의 보유에 관해 일인 주권자subjectum proprium와 공동 주권자subjectum commune를

구분했다.)

114 이 특징적인 용어는 19장의 중심 주제이다. 단락 49에는 "최고 관직의 선거에 있어서 국가의 기본법에 최고의 관심을 두어야 한다. 왜냐하면 이 법 아래서 포괄적인 연합체인 국가가 세워졌으며, … 또한 공동의 동의와 국가를 구성하는 지체들의 승인으로 지지되기 때문이다. …(In electione vero summi magistratus, summa cura legis fundamentalis regni habenda est. Sub hac enim lege, universalis consociatio in regno est constituta … atque ex communi consensu et approbatione membrorum regni sustinetur …)"라고 적혀 있다. 법의 일반적인 문제들에 관해서는 나의 서론을 보라. pp. xciv ff.

115 알투지우스가 거의 심리학적 용어들로 해석하는 '권위'라는 용어에 관해서는 제25장을 볼 것. 리프시우스Lipsius를 인용하면서 그는 이렇게 말한다. "이 권위는 신민 또는 외부자, 명망名望에 의해 잉태되고 인상 지워진다…(autoritas haec est concepta & impressa subditis, sive exteris, opinio reverens…)"(par. 1).

116 포코크 참조, *op. cit.*, p.16 "위협받은 특권과 자유를 방어하려는 사람들이 그들의 권리가 법에서 유래한 것이라고 다시 강조해야만 한다는 것은 자연스럽다…. 신학자와 철학자는 이러한 권리를 이성이나 자연과 동일시하기 위해 노력할 수 있을 것이다…. 그러나 비슷한 빈도로 전개된 다른 주장은 이 권리들이 아득한 옛 시대의 신성한 관습의 본질을 나누어 가져왔음을 증명하는 것이다…. 이러한 방식으로 그들은 많은 국가에서 '고대 헌법'에 호소하는 관행을 발전시켰고, 심지어 그러한 관행을 강화하고 새롭게 했다." 우리가 보았듯이 이것은 그러한 호소나 그 호소의 대상인 종교의 문제가 아니라, 오히려 신학의 문제이자 그러한 호소를 뒷받침하는 정의에 대한 신학적 관점의 문제다.

117 이를 위해서는 나의 *The Age of the Baroque* (1952), chap. x. 또한 위에서 인용한 포코크와 워무스의 저작들도 볼 것. 이를 위해서는 나의 *The Age of the Baroque* (1952), chap. x. 또한 위에서 인용한 포코크와 워무스의 저작들도 볼 것.

118 *Kritik der Praktischen Vernunft*, Pt. I, Bk. II, Section II, chap. v. 카시러 편집의 *Immanuel Kants Werke*, V, 140.

119 이 점은 에드워드 허버트Edward Herbert, First Lord of Cherbury, 평신도의 종교에 관하여(De Religione Laici) (1645)를 볼 것. "1. 최고의 신성이 존재한다Esse aliquod supremum numen. 2. 그 신성은 경배되어야 한다Numen illud coli debere. 3. 덕성은 경건과 연계하여 이 경배의 최선의 이유가 된다Virtutem, cum pietate conjunctam, optimam esse rationem cultus divini. 4. 죄를 회개해야 한다Resipiscendum esse a peccatis. 5. 이생이 지나간 뒤에는 상이나 벌이 주어질 수 있다Dari praemium, vel poenam post hancvitam transactam." Locke, *An Essay Concerning Human Understanding* (1790), Bk. I, chap. III, par. 19에 인용됨(Gutenberg Project E-Book 10615(원리 2판에 근거)로 확인). 이 작품은 앞으로 《인간지성론Essay》으로 인용될 것이다. 대문자 로마숫자는 권, 소문자 로마숫자는 장, 아라비아 숫자는 절을 가리킨다. 나는 1756년에 나온 폴리오 제6판을 사용해왔다.

120 *Essay*, IV, ix, 2. 로크 일반에 대하여 부른Bourn(1876)과 아론Aaron (1936, 1955)의 고전적 업적 말고, 모리스 크랜스턴Maurice Cranston의 중요한 책, *John Locke: A Biography* (1957)가 있다. 이 책은 많은 새로운 자료와 함께 그 인물에 대한 다른 이미지에 기초한다. 정치이론가나 헌법이론가에게 로크의 《시민정부론Treaties on Civil Government》, 특히 "An Essay concerning the True Original, Extent and End of Civil Government"라는 명칭을 가진 그 제2권은 피터 라슬

렛Peter Laslett의 편집자로서의 공로에 의해 새로운 관점을 얻게 되었다. 라슬렛의 비판적 편집본(1962)은 또한 탁월한 서론을 실었다. 《시민정부론》)(이후로는 CG로 인용) 외에, 우리는 폰 라이덴W. von Leyden의 헌신적인 편집의 결과인 *Essays on the Law of Nature* (ed., Leyden, 1954)로 자연법에 관한 로크의 입장에 대해, 또는 적어도 그입장의 기원에 관한, 더욱 완성도 높은 관점을 가지게 되었다. 그러나 라이덴의 관점에 대해서도 반론은 있다. 욜튼J. Yolten의 연구인 "Locke on the Law of Nature", *Philosophical Review*, LXVII (1958), 477~498. 하지만 라이덴의 학구적인 서론은 로크의 법철학에 관해 중요한 주석을 이룬다. 마지막으로 고흐J. W. Gough의 *Locke's Political Philosophy* (1950)가 반드시 언급되어야만 할 것이다.

121 *Essay*, IV, x, 1.

122 이 초기 저작에 관해서는 폰 라이덴의 편집본을 볼 것. 이는 라틴어 원본과 번역, 그리고 귀중한 학문적 가치를 가진 서론을 제공한다. 이 책과 별도로 나는 리처드 콕스Richard H. Cox의 "Locke's Design for Justice"와 레이몬드 폴린Raymond Polin의 "Locke on Justice"에서 큰 도움을 받았다. 이 두 논문은 *Nomos* VI, justice에 실려 있다. 또한 폴린의 *La Politique Morale de John Locke* (1960)와 콕스의 *Locke on War and Peace* (1960)의 특히 chap. ii를 볼 것.

123 Leyden *op. cit.*, p. 45. 텍스트에 무엇이 쓰여 있는지를 추적하는 페이지들을 볼 것. 나는 이 저자에 대체로 동의한다. 그다음의 인용은 pp. 46, 48.

124 우리는 여기서 신의 현존에 대한 로크의 '증거'를 상론할 수는 없다. 이는 영원성의 전제나 물질적 존재와 대조적인 사고능력, 그리고 무로부터의 창조의 불가능성에 기반해 반대의 논증e contrario으로 논의를 돌려버린다. 칸트의 순수이성비판은 이러한 논증을 거

부한다. *Kritik der Reinen Vernunft*, ed., Cassirer, *Werke*, (Vol. III.) I, I.
Teil, 2. Abt., 3. Hauptstueck, 5 und 6 Abschnitt(이후로는 KR, I, I,
2, 3, 5로 인용하며, 페이지는 카시러의 편집본에 따른다). 이 세목들은 pp.
416~433에 있으며, 우주적이고 물리신학적인 증거들을 다룬다. 물
리신학적인 증거는 위의 증거 중 처음에 취급된다.

125 Polin, *op. cit.*, chap. vii at p. 251. "로크의 작품들을 주의 깊게 오랫
동안 살펴보고 모든 관점에서 숙고하면, 무엇보다 정의에 관한 매
우 진지하고 합리적이며 사려 깊은 노력이 전개되고 있을 뿐 아니
라 매우 인간적이라는 인상을 받게 된다Lorsqu'on a pratiqué longue-
ment les oeuvres de Locke, qu'on les a prises et reprises en tout sens, on garde
par-dessus tout l'impression d'un grand effort de justice trés raisonnable, trés
réfléchi, trés mésuré, mais trés humain." 폴린은 로크의 작품들에서 '정
의'라는 말은 자주 나오지 않으며, 작품집 색인에도 나와 있지 않다
고 적고 있다.

126 Cox, *op. cit.*, chap. ii. 그는 이 장에서 가져온 그의 논증을 위에서 언
급된 논문에서 다음과 같은 문장으로 요약한다. "[로크의] 실증적인
가르침은 다시 종교적 교의들에 대해 시민정부의 원칙들이 의존하
는 정도를 축소하며, 그래서 시민정부는 결국 종교적 교의들과 상관
없이 오로지 인간의 욕망과 권리에만 근거하는 것으로 드러나게 된
다." 내가 이것을 언급하는 까닭은 명백하게 이 장이 "자연 상태와
자연법"을 다루고 있기 때문이다. 로크가 본질적으로 홉스의 견해를
가지고 있다는 숨은 주장은, 라이덴의 편집본에서 기대되었듯이, 위
에서 언급된 서론에서 라슬렛에 의해 효과적으로 거부되었다.

127 Cox, *op. cit.*, p. 62. 이 장의 말투는 "놀라운", "미묘한", "삼가는", "문
면상으로"와 같은 형용사들의 반복적인 사용으로 표현되는 심문관
과 같은 분위기로 독자를 당황스럽게 한다. 조시아 터커Josiah Tucker

의 *A Treatise Concerning Civil Government* (1781)이나 조나단 에드워즈Jonathan Edwards 및 다른 저자들의 심문관 유형들에 대한 언급은 암시하는 바가 있다. 다음 인용은 동일한 곳에서 온 것이다.

128 헨리 시지윅Henry Sidgwick, *Outlines of the History of Ethics* (1901) 그리고 칼라일A. J. Carlyle, *A History of Medieval Political Theory in the West*, Vol. I (1903)은 콕스의 인용과는 반대로 인용될 수 있을 것이다. 이들의 진술은 특정한 교의들을 가리키고 있으며, 로크가 기독교 전통 전체와 함께 공유하고 있는 스토아주의와의 연계를 단순히 인식하고 있을 뿐이다.

129 *Law of Nature*, V. p. 168. "justitia, eximia illa lex naturae et omnis societatis vinculum." 나의 번역이다.

130 *Second Treaties*, par. 57. 이어지는 인용은 여기서 온 것이다. 인용은 이탤릭체 부분(볼드체)을 포함해 라슬렛을 따랐다.

131 *Ibid.*, par. 63. 그 중간에 끼어든 문단들에서 로크는 왜 어린이들이 부모의 권위 아래 있어야 하며, 왜 그것이 종식되어야 하는지, 그리고 왜 어린이들이 성숙한 뒤에 부모의 권위 아래 있어야 한다고 말해서는 안 되는지를 보이는 작업을 진행한다. "따라서 우리는 합리적으로 태어난 것처럼 자유롭게도 태어났다…."(61) 이 논증은 76문단까지 여러 문단 더 진행된다. 신의 전능성이 신의 의지와 조화될 수 있다는 점은 여러 곳에서 로크에 의해 주장되고 있다. 그러나 라슬렛이 상기시키듯이 "어떻게 해서 그렇게 되는지는 전혀 설명이 없다. 로크는 이 문제가 자신의 능력 범위를 넘어선다고 고백한다는 점에서 유명하다"(*op. cit.*, p. 93).

132 왜냐하면, 라이덴이 정확하게 짚었듯이(*LN*, 56) 로크에게 "도덕 원칙들이 인간 본성으로부터 연역 가능하다고 확인하는 것은 그것들이 신의 명령이라는 점을 부인하는 것이 아니었기" 때문이다. 토마

스 아퀴나스, 칼뱅, 후커에 대해서도 동일한 이야기를 할 수 있다. 신의 법과 자연의 법을 동일시하고, 성서의 법과 이성의 법을 동일시하는 예는 로크의 작품에서 수없이 찾아볼 수 있다. 다음을 참조하라. *CG*: I, 4, 16~17, 56, 60, 89~90, 93, 111, 116, 119, 126, 166; Ii, 1, 8, 25~26, 52, 56~58, 66, 135, 142, 172, 195. 콕스는 동일한 구절들을 인용하면서 일부 내용을 요약하기도 했지만 오로지 '표면'적인 것으로 폐기하기 위해서였다.

133 이 점에 관한 스토아 교의의 가르침은 때때로 확실치 않다. 하지만 키케로나 다른 저자들에서 압도적인 관점은 그들의 '현자의 도성'이라는 관념에서 드러나듯 엘리트주의적이다. 이 관념은 기독교 교리에서 불가견 교회론의 예고편이기도 하다. 현세가 관련되는 한 불가견 교회론이 반엘리트주의적이라는 점을 감안할 때, 이는 매혹적인 변증법이다.

134 W. von Leyden. *Law of Nature*의 서론, pp. 21 ff은 "관용을 향한 로크의 태도는 1559년에 이미 정해졌음을 보여 준다. 그것은 그의 정치사상에서 주요 테마들 중 하나를 구성한다. 〔원문은 1559년이나 1659년의 오기로 보인다.〕

135 *CG*, Ii, 97 ff. 이와 같은 구절들에 기초해 터무니없는 주장들이 이루어지기도 했다. 특히 윌무어 켄달Willmoore Kendall, *John Locke and the Doctrine of Majority Rule* (1941)에 주의하라. 최근 이러한 견해는 맥퍼슨C. B. MacPherson, *The Political Theory of Possessive Individualism: Hobbes to Locke* (1962)에 의해 채택되기도 했다. 맥퍼슨은 195쪽에서 켄달에 관해 다음과 같이 쓰고 있다. "그는 로크의 이론이 시민 사회에 대한 완전한 주권, 즉 실질적으로 인민의 다수자에 대한 완전한 주권에 매우 가까운 무언가를 제공하고 있다는 강력한 주장을 했다. 이와 같은 다수자의 주권에 대항해 개인은 아무런 권리도 가

지지 못한다고 언급된다. 로크에 대한 이와 같은 독해를 위해서는
인상적인 증거가 제시될 수 있다."

136 Polin, *op. cit.*, p. 252, 그리고 chap. vii 전체와 비교.

137 최근의 유능하게 편집된 문서들, 그리고 좋은 입문서로는 찰스 블
    리처Charles Blitzer, *The Commonwealth of England, 1641~1660* (1963)
    또한 나의 *The Age of the Baroque* (1952), chap. x 그리고 그곳에 적시
    된 문헌들을 보라. *CG*, II, 133도 볼 것.

138 토마스 홉스Thomas Hobbes, *Leviathan*, chap. xiv. 또한 chap. xxxxi도
    볼 것. 여기서 홉스는 신의 "자연권"은 "그의 저항할 수 없는 권력으
    로부터 나오므로" 한계가 없다고 말한다.

139 *Leviathan*, chap. xvii. 홉스는 이러한 권력을 전통적인 대권jura
    majestatis의 의역으로 규정한다.

140 CG, II, 149. 나의 Constitutional Government and Democracy
    (1950), p. 130에 나오는 의역을 비교하라. 여기서 "타고난" 권리의
    문제는 헌정권력에 그것을 관련시키는 방식으로 변형되었다. 레오
    스트라우스(Leo Strauss)는 Natural Right and History (1953)에서
    날카로운 차이를 흐리게 만들었다. 왜냐하면 스트라우스는 홉스와
    로크에 나타난 자아를 동일시했기 때문이다. 그러나 양자는 상당히
    다르다.

141 *The Fundamental Constitutions for the Government of Carolina*, esp. art.
    97. 로크는 이 계획들을 작성하는 데 함께 참여했다.

142 영국에서 관용의 이념의 진화에 관해서는 전 4권으로 이루어진 조
    던W. K. Jordan, *The Development of Religious Toleration in England* (1932,
    1936, 1938, 1940)을 보라. 이 책은 1660년까지를 다루며, 존 로크는
    포함하지 않는다.

143 Cranston, *op. cit.*, n. 3., pp. 124~126. 크랜스턴은 자유관용주의와

케임브리지 플라톤주의에 대한 그의 논의 말미에 현명한 주석을 덧붙이고 있다. "로크는 철학을 종교의 감정적 대체물로 보는 (플라톤주의자들과) 동일한 실수를 결코 저지르지 않았다"(p. 128).

144 Benjamin Whichcote, *Moral and Religious Aphorisms* (1753), n. 457.

145 여기서 칸트의 작품의 인용은 에른스트 카시러Ernst Cassirer의 놀라운 편집본인 *Immanuel Kants Werke* (10 vols., 1922)를 따른다. 그의 일반적인 배경과 훌륭한 분석은 이 편집본 2권에 나오는 *Kants Leben und Lehre* (1923)라는 제목의 글을 보라. 칸트 문헌은 물론 대단히 많다. 린지A. D. Lindsay의 *Kant* (1934), 하르트만N. Hartmann의 *Die Philosophie des deutschen Idealismus* Vol. I(1923)은 권위가 있다. 개개의 작품에 대한 수많은 번역본이 있음에도 불구하고, 그의 작품에 대한 결정적인 영역 편집본은 없다. 나는 *The Philosophy of Kant* (1949)에서 일정한 통일성을 부여하기 위해 노력했다. 이 책은 합당하고 통일된 스타일로 그의 작품들 중 다수의 발췌를 담는다. 벡크 L. W. Beck의 *the Critique of Practical Reason and Other Writings in Moral Philosophy* (1949)도 좋은 번역이다.

146 In *Die Religion innerhalb der Grenzen der blossen Vernunft*, Pt. IV, Section 2, par. 4 (위에서 인용된 Werke, VI, 336). 이러한 연계 속에서 칸트는 오랜 경구를 상기시킨다. "네가 의심하는 것은 하지 마라quod dubitas, ne feceris"(플리니우스Plinius). 칸트는 이 말이 도덕적 가책에 관한 것이지, 현재 자주 이해되듯 편의적인 관심에 관한 것이 아니라는 점을 보여준다.

147 *Beweisgrund zu einer Demonstration des Daseins Gottes* (1763) 마지막 부분. 그 앞의 텍스트에서 칸트는 오로지 '논리적인' 증거만이 존재론적이라고 주장했다. (칸트의 주요 저작에 대해서는 종래 국내에 여러 번역본이 있고, 최근에는 백종현 교수에 의해 완역본이 출간된

바 있다. 하지만 여기서는 저자가 자신의 번역을 활용하고 있으므로 이를 감안해 가능한 한 저자의 번역을 존중하고자 한다.)

148 *Kritik der Praktischen Vernunft, in Werke*, V, 1~176. 좋은 영역본은 루이스 화이트 베크Lewis White Beck의 1949년 편집본이다. 나는 내 스스로 마련한 약간 다른 번역본을 사용하고 있다. 정언명령의 개념적 복잡성에 관한 학문적 토론을 위해서는 패튼H. J. Paton의 *The Categorical Imperative* (1948)을 볼 것.

149 이러한 비판으로 가장 포괄적인 것은 막스 쉘러Max Scheler, *Der Formalismus in der Ethik und die Materiale Wertethik* (1916)이다.

150 *Grundlegung der Metaphysik der Sitten*, Sec. 2 (*Werke*, IV, 289) 그다음에 따라오는 상세한 설명으로 나의 *Inevitable Peace*, chap. vi, esp. pp. 174 ff. 볼 것.

151 *Die Kritik der Urteilskraft* (1793), in *Werke*, V, 233~568. 이 작품은 "대미를 장식하는 업적"으로 칭송되기도 했고, 다른 두 비판과 모순되는 것으로 매도되기도 했다. 이 세 번째 비판이 중세적 합리주의의 용어로 칸트의 '비판적 합리주의'를 완성시킨다고 보는 것이 아마도 더욱 적절할 것 같다. 리처드 매키언Richard McKeon은 친절하게도 이 점을 나의 분석에 포함하라고 제안했다.

152 *Grundlegung*과 *Kritik der Praktischen Vernunft*를 바탕으로 칸트의 법철학은 그의 *Metaphysik der Sitten* (1797), *Werke*, VII, 1~180을 형성한다. 한스 켈젠Hans Kelsen은 사실과 규범의 칸트적 이분법 위에 '순수' 법이론을 구축했다. 그러나 앞의 인용에 나타난 칸트와 달리 그 이분법을 "사태의 경험적 다면성"에까지 확장하고자 했다. 조금도 과장 없이 이는 의문스러운 절차이다. 나의 *The Philosophy of Law in Historical Perspective* (1963), 특히 chap. xiv, pp. 171 ff.에는 켈젠에 대한 자세한 참조가 있다. 본문의 인용은 각각 *Metaphysik*의 17쪽,

14쪽, 그리고 31쪽에서 온 것이다.

153 *Metaphysik, loc. cit.*, pp. 38~39. 그다음 인용은 47쪽에서 온 것이다.

154 *Werke*, V, 174.

155 *Der Streit der Fakultaeten*, 2. Abschn. *Werke*, VII, 400. 이 부분은 철학적 능력과 법적 능력 사이의 논거를 다룬다.

156 *Tractatus Theologico-Politicus*, chap. xvi (엘위즈Elwes의 번역, 1900, p. 204).

157 *Idee zu einer allgemeinen Geschichte in weltbuergerlicher Absicht*, 1784, in Werke, IV. 151 ff. 인용은 162쪽이며 그다음 것은 163쪽이다.

158 이 주제의 발전된 모습과 역사적 배경에 관해서는 나의 *Constitutional Reason of State: The Survival of the Constitutional Order* (1957), 특히 pp. 86 ff. 또한 *Inevitable Peace*, chap. ii도 비교할 것.

159 (옮긴이주) 프랑스의 공법학자 레옹 뒤기는 현대 공법이론이 권리 개념을 포기해야 한다고 주장한다. 그에 따르면 권리는 사실을 입증할 수 없고, 필요에 따라 만들어졌을 뿐이며, 순전히 형이상학적인 개념일 뿐이기 때문이다. 그는 법규는 권리가 아니라 객관적인 법 상태를 창설하므로 권리 개념 없이도 법체계의 구성이 가능하다고 말한다. 레옹 뒤기의《일반 공법학 강의》(민음사, 1995) 제2장, 특히 49쪽을 참조하라.

160 칼 프리드리히Carl J. Friedrich와 로버트 맥클로스키Robert G. McCloskey, *From the Declaration of Independence to the Constitution: The Roots of American Constitutionalism* (1954); Carl J. Friedrich, "Rights, Liberties, Freedoms", *University of Pennsylvania Law Review*, XCI (1942), 312 ff.

161 인권에 관한 광범위한 문헌들 가운데 아래의 문헌들이 선별될 수 있다. 라우어파취H. Lauerpacht, *International Law and Human Rights*

(1951). 미르킨구에체비치B. Mirkine-Guétzévitch와 프렐롯M. Prélot, "Chrestomathie des Droits de l'Homme" *Politique* (1960) 이 글은 역사적 비교적으로 전망하는 몇 개의 에세이를 담고 있다. 제카리아 채피Zechariah Chafee Jr., *Three Human Rights in the Constitution* (1956). 같은 이, *How Human Rights Got into the Constitution* (1952). 채피는 *Documents on Fundamental Human Rights* (세 개의 팸플릿, 1951~1952)이라는 컬렉션도 출간했다. 로스코 파운드Roscoe Pound, *The Development of Constitutional Guarantees of Liberty* (1957). 1959년 국제연합위원회는 시민권에 관한 보고서를 공표했으며, 그 축약본이 *With Liberty and Justice for All*이라는 이름으로 출판되었다. 이 보고서는 투표권, 교육권, 주거권, 즉 우리의 용례에서, 하나의 시민적 자유와 두 개의 자유에 관한 사회적 권리에 집중하고 있다.

162 칼 베커Carl L. Becker, *The Declaration of Independence* (1951). 우르줄라 폰 에크하르트Ursula M. von Eckhardt, *The Pursuit of Happiness* (1959). 이 정식은 계속해서 많은 사람의 개념이 되었다. 예를 들어 휴고 블랙 연방대법관Mr. Justice Hugo L. Black은 에드먼드 카안 Edmond Cahn이 편집한 *The Great Rights*라는 책에 기고한 글에서 권리를 "정부를 특정 영역에서 활동하지 못하도록 하거나 특정한 미리 규정된 절차를 제외하고는 활동하지 못하게 함으로써 개인의 자유를 보호하려는" 규정이라고 말한다(43쪽). 이것은 정확하게 프랑스 인권선언의 정식과 일치한다.

163 존 스튜어트 밀John Stuart Mill, *On Liberty* (1861) 그리고 *Liberty*로 명명된 *Nomos* 제5권은 밀의 사상의 탐구를 위한 것이다. 또한 여기 주어진 정의는 물론 비非망라적인 것임을 주의할 것. 나의 *Constitutional Government and Democracy* (1950), pp. 428 ff와 비교하라.

164 모리스 크랜스턴Maurice Cranston, *Human Rights* (1963). 또한 조망을

위해서는 레오나드 크리거Leonard Krieger, "Stages in the History of Freedom," *Nomos* IV (1962)도 볼 것.

165 Cranston, *op. cit.*, pp. 66 ff.는 이 점을 받아들이려고 하지 않으면서 반대로 주장한다. 이사야 벌린Isaiah Berlin, *Two Concepts of Liberty* (1958) pp. 44~45에서 "자유의 잡종형태a hybrid form of freedom"라는 용어로 이와 유사한 입장을 채택했다. 사실 그것은 이미 프랑스 대혁명 시기 루소를 따라 인식되었다.

166 Arts. 22~28.

167 사실 일할 권리는 새로운 것이 아니다. 그것은 프랑스대혁명 이전부터 튀르고Turgot에 의해 명시적으로 요구되었다. 그는〈길드의 폐지에 관한 청원Edit sur l'abolition des jurandes〉(1776)에서 이렇게 쓴다. "신이 인간에게 필요를 주시고 그에 필수적인 노동의 수단을 만드시면서, 노동의 권리를 모든 사람의 재산으로 만드셨다. 이 재산은 모든 것들 중에서 최초의 것이고, 가장 신성하며 침해될 수 없는 것이다Dieu, en donnant à L'homme des besoins, en lui rendant nécessaire la ressource du travail, a fait du droit de travailler la propriété de tout l'homme, et cette propriété est la première, la plus sacrée et la plus imprescriptible de toutes". 그것은 1793년 4월 24일 인간과 시민의 권리선언의 재성명을 위한 로베스피에르Robespierre의 제안에도 등장한다. 이러한 텍스트들에 대해서는 "Chrestomathie des Droits de l'Homme," in *Politique: Revue Internationale des Doctrines et des Institutions*, (1960), Nos. 10~13, pp. 179~180과 248을 볼 것. 선언문 전체는 이곳 pp. 246~249에 재인쇄되어 있다. 이 컬렉션에는 1793년의 그다음 선언문도 찾을 수 있다. 대조를 위해서는 로버트 맥클로스키Robert M. McCloskey의 흥미로운 논문인 "Economic Process and the Supreme Court", *The Supreme Court Review* (1962), pp. 34 ff.와 비교하라.

168 *In The Great Rights*, ed. Cahn (1963), 블랙 대법관처럼 출중한 저자
들은 여전히 그러한 관념을 주로 활용한다.

169 세계인권선언 제24조.

170 (옮긴이주) 귀류법이란 어떤 명제가 참임을 증명할 때, 그 명제의 결
론을 부정함으로써 가정 또는 공리 등이 모순됨을 보여 간접적으로
그 결론이 성립한다는 것을 증명하는 방법이다.

171 엘리어트W. Y. Elliot, "The Constitution as the American Social
Myth," in *The Constitution Reconsidered*, ed., 리드C. Read (1938). 그
러나 이 저자는 "신화"라는 용어를 종종 그것과 결부되는 경멸적
인 의미로 사용하지 않는다. Friedrich, *Constitutional Government and
Democracy* (1950), chap. ix, "The Constitution as a Political Force"
도 볼 것. 신화는 특히 헌정질서의 확립과 결부된다. Friedrich, *Man
and His Government*, (1963), chap. v를 보라.

172 게르하르트 안쉬츠Gerhard Anschütz, *Die Verfassung des Deutschen Re-
iches...ein Kommentar* (14th ed.; 1933), 특히 pp. 505 ff. 그리고 그곳에
인용된 문헌들을 보라.

173 물론 이 권리는 자기실현의 자유와 관련된다. 이 자유는 철학사에
서 셋 중의 하나로 여겨졌다. 다른 두 가지는 자기완전화의 자유와
자기결정의 자유이다. 그러나 우리는 자기실현의 자유가 다른 두
가지를 포괄하는 것으로 이해되기를 바란다. 다른 두 자유는 그것
아래 포함되어야 한다. 왜냐하면 자아를 움직이는 관점에서 볼 때,
자기결정은 자기실현에 수반되는 것이며, 자기완전화는 더 높은 운
명에 대해 확신에 찬 공격을 감행할 수 있는 사람들 속에서 자기실
현이 취하는 특별한 형태이기 때문이다. 삼분법에 관해서는 모티
머 아들러Mortimer J. Adler, *The Idea of Freedom* (1958), I, 606 ff.를 참
조할 것. 이 점에 관해서는 최근 카시넬리C. W. Cassinelli의 연구인

Freedom, Control and Influence: An Analysis (출간 중), 특히 chap. I, III 에서 흥미로운 주석을 볼 수 있다. 그러나 카시넬리는 삼분법을 유지하면서, 자기실현이 다른 두 가지를 포괄한다는 관념을 발전시키지 않는다. 이러한 유력한 관점에 상당히 반대되게 이사야 벌린 Isaiah Berlin은 *Two Concepts of Liberty* (1958), pp. 25 ff.에서 "자기실현"을 사실상 자기완전화의 교의의 한 형태인 이상주의적 철학자들의 자유 관념에 국한하고자 한다.

174 고트프리드 디이츠Gottfried Dietze, *In Defense of Property* (1963)는 초기의 관념으로 돌아간다고 주장한다.

175 유고슬라비아 헌법 제23, 25조. 또한 에드바르드 카르데히Edvard Kardelj의 주석서, "On the Principles of the Preliminary Draft of the New Constitution of Socialist Yugoslavia" in The *New Yugoslav Law* (1962), 특히 pp. 16~17도 볼 것. 이러한 발전의 정당화를 의미하는 구분이 '사적' 그리고 '공적' 재산 사이에 그어지고 있다.

176 페이지 스미스Page Smith, *John Adams* (1963), I, 79를 볼 것.

177 *Oliver Brown v. The Board of Education of Topeka*, 347 U.S. 483 (1953) 은 이로써 분리하되 평등하게 교육한다는 원칙을 확립했던 *Plessy v. Ferguson* (1896) 판결을 파기했다. 그 원칙 아래의 상황은 군나르 뮈르달Gunnar Myrdal이 (리처드 스테르너Richard Sterner 및 아놀드 로즈 Arnold Rose와 함께) 놀랄 만하게 분석하고 맥락화했다. *An American Dilemma* (1944), chap. xli. 또한 *The Report of the United States Commission on Civil Rights* (1959)의 논의와 *With Liberty and Justice for All* (1959), 특히 Part III, pp. 101~137에 나오는 유용한 축약본도 보라. 시설 등의 평등화에 관해 달성 중인 급속한 진보는 SERS에서 얻을 수 있다. 특히 *Southern Schools: Progress and Problems* (1959)에는 유용한 통계자료가 있다. *The Harvard Educational Review*,

Summer, 1960의 특집인 "Negro Education in the United States" 도 볼 것.

178 이 운동과 그에 관한 문헌은 나의 논문 "The Political Thought of Neoliberalism," *American Political Science Review*, XLIX (1955), pp. 509 ff.를 보라.

179 앞의 주석 168번을 보라.

180 윌리엄 더글라스 대법관Justice William O. Douglas in Cahn, ed., *op. cit.*, p. 149.

181 이 점을 고심하고 있는 것으로 주석 160번에 언급된 논문을 참조하라.

182 제29조.

183 아마도 칸트의 공식이 가장 널리 알려졌을 것이다. 그러나 그것은 로크나 다른 저자들에서도 유사하게 발견된다. 아마도 칸트의 명성은 "…게 행위를 하라"는 명시적인 명령 형식에 기인하는 것이리라. *Die Metaphysik der Sitten* (*Immanuel Kants Werke*, ed. E. Cassirer, Vol. VII, Part I, *Rechtslehre*, Einleitung, p. 17). 또한 앞의 주석 173번에서 언급한 모티머 아들러의 포괄적인 리뷰도 보라. 결과적으로 자유의 이념을 단순히 다른 사람들의 제한이나, 방해 또는 개입이 없다는 관점에서 설명하려는 모든 시도는 언제나 도덕적 반대의 암초에 걸쳐 침몰하게 된다. 자유는 허가와 동일한 것이 되어서는 안 된다. 그러나 자유의 남용이 포함되지 않는다면, 자유는 정당한 사용에 대해 다른 사람이 스스로 주장하는 관념들의 자비 앞에 놓이고 만다. 이것은 펠릭스 오펜하임Felix E. Openheim이 다루기 원하는 난제이다. *Dimensions of Freedom* (1961). 앞의 주석 173번에서 언급한 카시넬리의 작업도 마찬가지이다.

184 칼 뢰벤스타인Karl Loewenstein, *Verfassungslehre* (1959), pp. 153 ff.는

의미론적 헌법관념을 발전시켰다. 유추하면 우리는 '의미론적' 인권도 말할 수 있을 것이다. 앞의 주석 172번을 볼 것.

185 우리는 스피노자까지 돌아갈 필요가 없다. 스피노자는 권리의 영역과 권력의 영역을 공존하는 것으로 보고자 했다. 잘 알려졌지만 종종 오해받는 "큰 물고기가 자연권에 의해 작은 물고기를 먹어 치운다"라는 그의 발언은 이를 시사한다(*Tractatus Theologico-Politicus* (1670), chap. xvi). 그러나 권력과 권리의 집행이 대응한다는 것을 보여주는 구체적인 증거가 많다. 그렇기에 마틴 루터 킹 목사가 지금은 유명해진 그의 *Letter from a Birmingham Jail*에서 다음과 같이 지적하는 것이다. "우리는 법적이고 비폭력적인 굳은 압력 없이 시민권에서 단 하나의 성과도 얻을 수 없었다. … 우리는 고통스러운 경험을 통해 자유가 압제자들에 의해 자발적으로 주어지지 않는다는 사실을 알고 있다. 자유는 피압제자들에 의해 요구되어야만 한다." 이 편지는 많은 잡지에서 재인쇄되었다. 나는 *The New Leader*, July, 1963을 사용했다. 이 편지와 제임스 볼드윈James Baldwin의 *Nobody Knows My Name* (1954), esp. Part I, sections 3~6 사이에는 주목할 만한 유사성이 존재한다.

186 C. J. Friedrich와 브레진스키Z. K. Brzezinski, *Totalitarian Dictatorship and Autocracy* (1956), chap. xx 및 그곳에서 인용된 문헌들. 결사의 자유freedom of association가 특히 폴란드와 같은 일부 전체주의적 국가에서 신장되고 있다는 주장이 있다. 그러나 그 증거는 빈약하며 설득력도 없다.

187 더욱 확대된 설명은 C. J. Friedrich, *Man and His Government* (1963), chaps. xx와 xxi를 볼 것.

188 더글라스 대법관은 이 점을 주장하는 사람들 중 하나다. 위에서 언급된 Cahn의 편저 *Great Rights*에 실린 그의 에세이를 보라.

189 Everson v. Board of Education, 330 U. S. 1, 1947. 또한 알렉산더
마이클존(Alexander Meiklejohn), "The First Amendment Is an Abso-
lute," The Supreme Court Review (1961), p. 255도 볼 것.

190 벤자민 카르도조Benjamin Cardozo, *The Nature of the Judicial Process*
(1921)는 아마도 미국법에서 처음으로 사법부에 대한 과도한 강조
에 의문을 제기한 권위있는 목소리일 것이다. 그의 시절 이래 이 주
제에 대한 문헌들은 대단히 많아졌다. 이 문제에 관련된 개괄적인
고려를 위해서는 Friedrich, *Man and His Government* (1963), chap.
xxiv와 그곳에 적시된 문헌들을 보라.

191 마지막 분석에서 평범한 인간 그 자신만이 모든 사람에게 공통된
그의 권리의 수호자가 될 수 있다. 지식인들이 늘 기억해야 하지만
가끔씩 잊는 것은 그 자신도 시장에 발을 들여놓고 공동체의 일에
참여하는 평범한 인간이라는 사실이다(여기서 평범한 인간이란 대중
적 인간집단에 대조되는 하나의 공동체적 인간이다). 나의 *The New Belief in
the Common Man* (1942)을 보라. 그 책에서는 집필 당시 에리히 프롬
Erich Fromm의 *Escape from Freedom* (1941)에 대해서 알지 못했음에
도 불구하고, 프롬의 파괴적 비관주의가 거부되고 있다.

192 블랙 대법관은 *Great Rights*, ed., Cahn, esp. pp. 57 ff.에서 그렇게 말
한다. 앞의 주석 190번에서 말한 것도 보라.

193 정치이론사적 관점에서 보다 상세한 서술을 위해서는 나의 *Consti-
tutional Reason of State* (1957)를 볼 것.

194 Thomas Jefferson, *Writings* (1859) Vol. VIII.

195 The British *Public Order Act*는 11월 16일에 입법되었다. 법문을 위
해서는 *The Law Reports* (1937), I, 60~67을 참조하라.

196 이 사례의 광범위하고 설득력 있는 설명을 위해서는 앞의 주석
178번에 언급된 *Report* of Commission의 이곳저곳을 볼 것.

197 이는 자유 사회에서 비정치적 군대의 위험에 대한 명백한 이해와 함께 군대의 역할에 대한 솔직한 찬양을 포함한다. 헌정질서와 그 이론적 정박지에 관한 이해에 강력하게 뿌리박은 군사전문가만이 적절한 안전을 제공할 수 있다. 독일의 잘못은 우리의 접근 방식에 기초가 되기보다는 어떤 대가를 치르더라도 사무엘 헌팅턴Samuel P. Huntington이 *The Soldier and the State* (1957) 특히 chaps. v & vi 에서 한 것처럼 회피되어야만 한다. 헌팅턴은 프레데릭 마틴 스턴 Frederick Martin Stern이 *The Citizen Army* (1957)에서 취한 입장에 반 대하는데, 스턴은 자신의 모토로서 조지 워싱턴George Washington의 "우리가 병사를 상정할 때, 우리는 시민을 버리는 것이 아니다"라는 발언을 인용하고 있다.

초월적 정의에 주목해 헌정주의의 종교적 차원을 탐색하는 이 책에 이어 몇 가지 더 읽어야 할 자료들을 독자들에게 소개하고자 한다. 사실 추천하고 싶은 책은 훨씬 많지만, 국내에서 쉽게 구할 수 있는 범위에 한정해 일곱 권을 선별했다. 차근차근 곱씹듯이 읽어주길 바란다.

1. 칼 프리드리히, 《입헌적 국가이성: 안보와 헌법의 수호》, 최대권 옮김(동성사, 1987)

이 책의 저자가 1957년에 출간한 *Constitutional Reason of State: The Survival of the Constitutional Order*(Brown University Press, 1957)의 완역본이다. 프리드리히 마이네케의 권력정치적 국가이성론에 맞서서 저자는 헌정주의적 국가이성론을 주장한다. 헌정질서가 침해당할 위험이 있을 때 이를 지키기 위해 과연 헌정주의에 반하는 수단과 방법이 정당화될 수 있는지에 관해 마키아벨리부터 헤겔까지 근대 서구 정치사상가들의 논변을 검토하는 방식이다. 이 책에 나오는 알투지우스를 비롯한 칼뱅주의자들의 앞뒤로 생존주의자들(해링턴, 스피노자, 몽테스키외)과 도덕주의자들(밀턴, 로크, 칸트)을 배치하고 있는 것이 흥미롭다. 35년 전의 번역이어서 번역서 안은 한자 단어들로 가득하지만, 번역 자체는 꼼꼼하기 이를 데 없어 성취감을 느끼며 읽을 수 있다.

2. 한스 벨첼, 《자연법과 실질적 정의》, 박은정 옮김(삼영사, 2001)

칼 프리드리히와 같은 세대로서 당대 독일의 대표적인 형법학자이자 법철학자였던 한스 벨첼의 대표적 저서이다. 저자는 자연법을 실질적인 법윤리 또는 정의론으로 이해하면서, 서양의 고대로부터 제2차 세계대전 직후의 법신학 논의까지 주요 정치이론가들의 논변을 꼼꼼하게 검토한다. 다만 프리드리히가 중요시하는 프로테스탄트 헌정주의자들, 특히 알투지우스에 관한 분석과 평가는 이상하게도 빠졌다. 마지막 결론인 제6편 "회고"에서 "남는 것은 무엇인가?"라는 제목 아래 전개되는 벨첼 자신의 실질적 정의론은 자연법의 부활에 대한 세련된 옹호이기도 하다. 전후 자연법 부활의 맥락에 관해서는 이 책의 옮긴이가 쓴 《자연법 사상》(민음사, 1987)도 도움이 된다.

3. 찰스 테일러, 《자아의 원천들: 현대적 정체성의 형성》, 권기돈·하주영 옮김(새물결, 2015)

《초월적 정의》와 앞의 벨첼의 저서가 다루고 있는 내용을 더욱 장대한 스케일로 살피고 있는 찰스 테일러의 대표 저서다. 테일러는 세심하고도 온화한 문체로 서구적 자아의 정체성을 형성해온 결정적인 층위들을 내면성inwardness, 일상의 긍정the affirmation of the ordinary life, 자연의 소리the voice of nature로 제시하면서 그 중첩 위에서 방황하는 현대 서구인의 모습을 묘사한다. 마지막 부분은 20년 뒤 테일러가 출간한 *A Secular Age* (Harvard University Press, 2007)에서 더욱 본격적으로 다루어졌다. 현대 서구인의 자아 정체성에 관해서는 이 두 책보다 더 완결적인 설명을 찾을 수 없다. 정체성과 선의 관계를 이론적으로 조감한 1부의 내용은 규범적 자유주의에 대항하는 이른바 공동체주의의 핵심 논변으로 널리 활용되기도 했다.

4. Hent de Vries and Lawrence E. Sullivan eds., *Political Theologies: Public Religions in a Post-secular World*(Social Science Press, 2007)

냉전 종식 이후 서구 사회에서 공적 종교와 관련해 벌어진 정치신학 담론들을 한자리에서 일별할 수 있는 앤솔러지이다. 편집자들은 정치신학 담론을 기독교적 접근과 세속적 접근으로 나누지 않고, 오히려 주제별로 묶어 신학과 철학을 넘나드는 토론을 자연스럽게 유도한다. 정치신학 그 자체의 정의definition, 톨레랑스, 민주공화체제와 세속주의, 열린 사회와 인간의 권리가 주제들이다. 참여자들 역시 진보와 보수, 유럽 출신과 비유럽 출신이 다양하게 섞여 있다. 개인적으로는 교회와 국가의 관계를 '저항resistance'이라는 키워드로 분석하는 장뤽 낭시의 글과 서구 근대에서 톨레랑스 없는 관용의 발전사를 다룬 라스 뢴더의 글, 그리고 프랑스 세속주의에 대한 일갈을 담은 탈라스 아사드의 글에서 귀중한 시사를 얻었다. 국내 저작 가운데는 김항의《종말론 사무소: 인간의 운명과 정치적인 것의 자리》(문학과지성사, 2016)와 함께 읽어도 좋을 듯하다.

5. Nicholas Aroney and Ian Leigh eds., *Christianity and Constitutionalism* (Oxford University Press, 2022)

기독교와 헌정주의의 관계를 다룬 앤솔러지로서 아마도 이 책의 독해에 가장 많은 도움이 될 저서일 것이다. 편집자들은 헌정주의에 미친 기독교의 영향을 여덟 편의 논문을 통해 역사적 맥락에서 검토한 뒤, 헌정주의에 대한 기독교적 이해 및 기독교 신학의 동향을 각각 일곱 편씩의 논문으로 살펴본다. 헌정주의의 내용으로는 주권, 법의 지배, 민주주의, 권력분립, 권리와 자유, 종교의 자유, 연방주의가 제시되고, 기독교 신학의 내용으로는 계시, 삼위일체, 정의, 그리스도론, 자연법, 보충성, 종말론이 다루어진다. 앤솔러지의 특성상 각각의 주제에 대한 충분한 논의보다는 전체적인 맥락과 논점 중심의 개관이 진행된다. 헌정주의에 대한 기독교적 이해의 출발점으로는 이보다 더 효과적이기 어렵다. 마지막 부분의 헌정주의에 대한 기독교 신학의 동향에 관해서는 김동규, 손민석 등의 《우리 시대의 그리스도교 사상가들: 철학과 신학의 경계에서》(도서출판100, 2020)을 함께 읽어도 좋겠다.

6. 미로슬라브 볼프, 《삼위일체와 교회》, 황은영 옮김(새물결플러스, 2012)

정치신학 담론의 고질병은 실제의 정치적 현실과 별다른 관련을 맺지 못한다는 것이다. 어쩌다 정치신학적 통찰이 정치적 현안의 해결 방향에 대한 깨달음을 주는 경우는 있지만, 정치체제의 조직과 체계화에 관해서 정치신학 담론은 대체로 무력하기 짝이 없다. 위르겐 몰트만 아래서 학위를 마친 미로슬라브 볼프의 이 책은 그와 같은 곤경을 단박에 벗어나게 해주는 놀라운 저서다. 비록 그 정치신학적 논증의 초점이 기독 교회론에 치중된 것처럼 보이지만, 가톨리시즘의 권위주의와 프로테스탄티즘의 민주정치, 그리고 동방정교회의 삼위일체론이 어떻게 제도적 교회의 조직과 운영에 연결되는지를 분석하면서, 저자는 신학적 국가론과 정치론, 그리고 헌법이론의 문턱에까지 다다른다. 그래서 이 책의 처음과 마지막 부분은 헌정주의 법이론가에게 그 문턱을 넘는 과제를 함께 수행하자는 제안서로도 읽힌다. 대한민국의 기독 지식인으로서는 일본에서 제2차 세계대전 중에 저술되었던 난바라 시게루의 《국가와 종교: 유럽 정신사 연구》(소명출판, 2020)가 문득 떠오르는 책이기도 하다.

7. Glenn Tinder, *The Political Meaning of Christianity: An Interpretation*(Louisiana State University Press, 1989)

국내에 잘 알려지지 않은 미국의 기독교 정치철학자 글렌 틴더가 그야말로 혼신의 힘을 기울여 쓴 책이다. '기독교의 정치적 의미'라는 제목부터 독자를 한껏 긴장하게 만드는 책이기도 하다. 저자는 개인의 존귀함을 높이는 것과 예언자적 희망, 그리고 자유에서 출발하는 사회의 변혁을 차례로 연결하면서 기독교의 정치적 의미를 천착한다. 기독교의 정치적 의미를 구현하기 위해서 틴더는 다분히 루터주의적으로 이해될 수 있는 역설적인 긴장을 늘 유지해야 한다고 거듭 조언한다. 그의 용어로 말하면 이는 예언자의 영성을 가지고 정치적 현실과 비판적인 거리를 유지하는 것을 말한다. 저자는 서문에서 이 책이 단지 하나의 해석이자 개인적 진술에 불과하다고 말한다. 하지만 이 책은 그리스도인으로서 헌정주의적 실천을 꿈꾸는 사람들이라면 오랫동안 곁에 두고 꼼꼼하게 곱씹으며 볼 가치가 있다.

옮긴이에 대하여 ────────────────────────────────

이국운

1966년 대전 출생으로 서울대학교 법과대학을 졸업한 뒤, 같은 대학원에서 법학 석박사학위를 받았다. 1999년부터 경상북도 포항의 한동대학교 법학부에서 학생들을 가르치면서 헌법이론, 법률가정치, 기독교정치사상 분야를 연구해왔다. 사법 및 자치분권 분야에서 한국 사회의 개혁을 주장해온 대표적인 헌법학자 중 한 사람이기도 하다. 주요 저서로《헌법》,《법률가의 탄생: 사법 불신의 기원을 찾아서》,《헌법의 주어는 무엇인가》,《헌정주의와 타자》 등이 있고, 마이클 왈저의《출애굽과 혁명》, 스티븐 브라이어의《역동적 자유》를 번역했다. 최근에는 대한민국 헌법의 공화주의적 독해와 이를 뒷받침하는 헌정주의적 법신학 연구에 매진하고 있다.

초월적 정의
헌정주의의 종교적 차원

초판 1쇄 발행 2024년 2월 23일

지은이 칼 프리드리히
옮긴이 이국운

펴낸이 김준성
펴낸곳 책세상
등록 1975년 5월 21일 제2017-000226호
주소 서울시 마포구 동교로23길 27, 3층 (03992)
전화 02-704-1251
팩스 02-719-1258
이메일 editor@chaeksesang.com
광고·제휴 문의 creator@chaeksesang.com
홈페이지 chaeksesang.com
페이스북 /chaeksesang   **트위터** @chaeksesang
인스타그램 @chaeksesang   **네이버포스트** bkworldpub

ISBN 979-11-7131-107-1 04080
　　　979-11-5931-221-2 (세트)